아산재단 연구총서 제403집

발달장애인 자립생활 증진을 위한 역량탐색 및 주거로서의 해결과제

아산재단 연구총서 제403집

발달장애인 자립생활 증진을 위한 역량탐색 및 주거로서의 해결과제

김라경

집문당

김라경(金羅璟) 이화여자 대학교 특수교육과 졸업(학부)
일리노이 주립대학교(University of Illinois at Urbana-Champaign)
특수교육학과 졸업(교육학박사, Ph.D)
현재 광주교육대학교 교육학과 교수(특수 · 통합전공)

아산재단 연구총서 제403집

발달장애인 자립생활 증진을 위한 역량탐색 및 주거로서의 해결과제

2016년 5월 30일 1판 1쇄

저 자 | 김라경
발행인 | 임동규
발행처 | **집문당**
등 록 | 1971. 3. 23. 제300-2012-69호
영업부 | 10881 경기도 파주시 광인사길 85
(02)743-3192~3 팩스(02)742-4657
전자우편 | sale@jipmoon.co.kr
편집부 | 03134 서울시 종로구 돈화문로 82 집문당빌딩 5층
(02)743-3096~7 팩스(02)743-0227
전자우편 | edit@jipmoon.co.kr
홈페이지 | www.jipmoon.co.kr

편 집 | 전정아
디자인 | 임용우

ISBN 978-89-303-1721-4
978-89-303-1500-5(세트)

가격 11,000원

이 도서의 국립중앙도서관 출판시도서목록(CIP)은 e-CIP홈페이지(http://www.nl.go.kr/ecip)와 국가자료공동목록시스템(http://www.nl.go.kr/kolisnet)에서 이용하실 수 있습니다.
(CIP제어번호: CIP2016009668)

머리말

미국 유학시절 우연한 기회로 초대받아 간 그곳에는 발달장애인 5명과 생활지도사가 함께 살고 있었다. 동네 자산가가 돌아가실 때 자신의 집을 기부해서 그곳에서 이들이 살고 있는 것이었다. 마당 있는 넓은 집에는 세 개의 화장실과 여섯 개의 방이 있었다. 각각의 방은 각 개인의 개성대로 꾸며져 있었고, 거실에는 커다란 TV와 당구대, 요리할 수 있는 부엌 그리고 선생님 방이 눈에 들어왔다. 선생님은 3교대여서 그런지 피곤한 기색은 전혀 없었다. 내가 갔을 때는 한 명의 장애인이 감기에 걸려 출근을 못하고 있었는데 선생님은 서류작업을 하시고, 아파서 출근을 못하신 그분은 방에서 음악을 들으며 쉬고 있었다. 감기가 걸렸다는 이유로 출근을 안 해도 된다는 것이 부러웠는지 아니면 아플 때 누군가가 곁에 계속 있다는 것이 부러웠는지 아님 자연스러운 기부문화가 멋지다고 생각했는지 나는 이것저것 다 부러웠던 생각이 든다.

아침이 되면 차가 와서 복지관(Daycare)에 갈 사람은 복지관으로, 직장에 갈 사람은 직장으로 출근 준비를 도와줬다. 저녁이 되면 모두들 집으로 돌아와 두 명의 식사 당번이 전체 식사 준비를 하고 한 명은 음식조절이 필요해서 선생님 보조하에 개별 음식을 해 먹었다. 밥을 먹고는 각자 방에 들어가거나 TV를 보거나 당구를 쳤다. 지극히 일상적인 가정의 모습이었다. 단 하나 다른 점은 나이가 다양한 남성 5명이 한 집에 산다는 것이었다. 내가 보기에는 영락없이 복 받은 사람들로 보였는데, 한 남성이 '전 이사 가고 싶어요'라고 말해서 나는 의아했다. 이야기를 들어보니 자신이 원하는 사람으로 구성된 가족이 아닌 발달장애인이라는 이유 때문에 모르는 다섯 명과 친구가 되어 살아가야 하는 현실이 맘에 들지 않는다는 것이다. 식이 제한을 하는 다른 한 명도 이와 유사한 말을 하였다. 이 사람은 심한 당뇨와 과체중으로 냉장고와 식료품 창고 열쇠를 얻지 못하였다. 이 사람 때문에 다른 사람들이 냉장고와 식료품 창고 열쇠를 가지고 있다는 것이 좀 더 정확한 표현이라고 할 수 있겠다. 어쨌든 이들이 이 멋진 주택이나, 그럴싸해 보이는 환경이 마음에 들지 않는다고 말했을 때 그 사실은 나에게 적잖은 충격이었다. 아마도 나는 '이들이 장애가 있기 때문에 이 정도면 괜찮겠지! 이 정도면 충분하지!'라는 마음을 가지고 있었는지도 모르겠다.

그러고 보니 나는 아침 점심 식사는 종종 건너뛰고 밤에 라면 먹고 퉁퉁 부은 눈으로 아침을 시작했고, 커피를 열댓 잔씩 들이켰으며 이로 인해 얻은 위장질환과 식도염으로 고생 중이었다. 과수면과 불면증이 반복되던 시절이었고, 한쪽으로 기울인 삐딱한 자세로 20시간을 꼼짝없이 앉아 있는 날이 잦아져 고질적인 척추질환도 가지고 있었다. 전혀 좋을 것 없는 생활패턴을 가지고 있는 나에게 누군가가 하루에 커피를 한 잔으로 제한하고, 40분 앉아 있으면 20분씩 쉬라고 운동도 시키고, 건강을 이유로 시간 맞춰 밥을 세끼 꼬박 먹도록 하며, 적정시간에 소등을 하고, 평생을 기숙사에 친구가 되기를 강요받는 사람들과 살라고 한다면 이건 참으로 비극에 가깝다. 정답을 알고 있지만 하기 싫거나 하지 않는 나의 나쁜 습관들이 모여 더 큰 참극을 맞이한다 하여도 내가 선택했기 때문에 받아들일 수 있다. 그리고 나는 그런 상태로 행복하다는 것이었다.

물론 이러한 의미가 발달장애인들을 될 대로 되라는 식으로 방임한다거나, 잘못된 선택을 동조하거나, 방관하라는 의미를 뜻하는 것이 아니다. 중요한 점은 지금 이들이 살아가는 곳에 얼마나 자주 적절하게 그리고 적극적으로 그들의 삶에 그들 스스로가 개입하느냐는 것이다.

이후로 어디서 누구와 어떻게 사는가라는 문제는 나의 삶과 연구의 주 관심사가 되어 왔다. 한국에 돌아와 첫 교수로 임용되던 그 해 너무나 감사하게도 아산사회복지재단의 지원을 받아 '발달장애인 자립생활 증진을 위한 역량탐색 및 주거로서의 해결과제'라는 연구를 실시할 수 있게 되었다. 본 연구가 책으로 발간될 것이라는 소식을 들었을 때 나의 미진한 연구가 부끄러웠으나, 이 연구는 단편이 아니라 연구자로서 행해야 할 기나긴 여정이라고 생각하며 용기를 가져본다.

| 차 례 |

| 표 / 그림 차례 |

I. 서 론

I. 서 론

1. 연구의 필요성 및 목적

1) 연구의 필요성

세계대전 후 미국이나 유럽에서는 대형시설에 수용되어 있던 장애인을 정상화(normalization)의 원리에 입각하여 지역사회 내로 주거생활환경을 이동하고자 하는 탈시설화(deinstitutionalization) 움직임이 시작되었다. 지난 40년간 탈시설화 움직임은 장애인들의 대형시설에 대한 의존도를 지속적으로 축소시키고, 그들을 지역사회에 통합시키는 데 큰 기여를 하였다. 이 과정에서 대형시설에 대한 보완적 주거 모델인 장애인 그룹홈(이하 공동생활가정)이 도입되었다. 공동생활가정은 주로 소규모(주로 6~8명 이하) 그룹의 발달장애인들이 24시간 지원을 제공하는 직원들과 거주하며, 음식준비, 금전관리, 집관리, 여가 오락 활동 등의 일상생활에 필요한 도움을 받고, 일반 가정과 유사한 주거환경에서 생활할 수 있게 만든 지역사회 거주 프로그램이다 (Beirne-Smith, Patton, & Kim, 2006). 장애인 공동생활가정은 대형시설에 비하여 여러 가지 장점이 있는데, 우선 입소자가 느끼는 삶의 만족도가 높고(Burchard et al., 1991; Wehmeyer & Bolding, 1999), 입소자 자신이 삶에 있어 더 많은 선택권이 있다(Emerson et al., 2000; Robertson et al., 2001; Stancliffe & Lakin, 1998; Wehmeyer & Bolding, 1999). 또한 지역사회 활동에도 더 많은 참여의 기회를 제공받을 수 있으며, 우정 형성과 사회성 발달(Emerson & McVilly, 2004; Forrester-Jones et al., 2006; Robertson et al., 2001)에도 효과적이어서 장애인들의 자립에 긍정적인 영향을 미친다고 할 수 있다.

우리나라의 경우 장애인 복지시설에 대항 명칭으로 입소시설이라는 용어를 사용하고 있는데 전국의 장애인 입소시설의 수는 2012년 현재 1,348개이고 이 가운데 지체(40), 시각(16), 청각(8), 지적장애(278), 중증장애(201), 장애영유아(10) 시설 등 대형 거주시설이 553개에 이르고 있다. 이들 시설에 수용보호되고 있는 장애인은 총 26,443명으로 각 시설당 평균입소인원이 45명을 넘고 있다. 이러한 면에서 본다면 우리나라 입소시설은 아직도 전형적인 대규모 수용보호의 형태를 띠고 있다고 할 수 있다.

최근 우리나라에서도 장애인을 위한 다양한 주거형태에 대한 논의가 활발히 이루어지고 있다. 우리나라 최초의 공동생활가정 서비스는 1981년 전남 광주에 있는 천노엘 신부가 운영한 엠마우스복지관이며, 1988년 은평천사원은 제네바 소망의 집이라는 집단가정 서비스를 시행하였다. 이후 서울특별시의 지방자치단체 재정지원으로 남부장애인복지관(서울, 1995년), 충현복지관(서울, 1995년), 서울시장애인종합복지관(서울, 1995년), 한국장애인보호자회(서울, 1995년), 밀알선교단(서울, 1996년) 등에서 본격적인 공동생활가정 사업이 실시되었다. 이처럼 1990년대 후반부터 공동생활가정의 수는 급격히 증가하여

2012년 공동생활가정은 667개소로 양적인 발전을 이루었다(보건복지부, 2013). 공동생활가정은 1999년 2월에 개정된 '장애인복지법' 제48조에서는 전통적인 재활모델 차원에서 '지역사회재활시설'로 규정하였다가 2011년 3월 16일 국회 본 회의를 통과하여 2005년 1월부터는 장애인 공동생활가정을 '장애인 거주시설'로 개편하였다.

이처럼 공동생활가정이 공식적으로 장애인 거주시설로 분류되었음에도 불구하고 진정한 의미의 거주, 주거 형태로 존재하는지에 대해서는 의문이 든다. 현재 우리나라 장애인 공동생활가정은 성인 장애인들을 위한 거주 의미의 가정이라기보다는 성인교육기관의 한 역할을 하는 과도기적인 성격 또는 잠시 거주하는 성격을 지니고 있다. 우리나라 초창기 공동생활가정들은 대부분 장애인들이 지역사회 내에서 일하고 살면서 어떻게 잘 적응해 나가느냐에 초점을 두고, 직접 생활 경험을 통하여 일상생활 기술과 지역사회에의 적응력을 기르기 위한 훈련을 제공하는 것을 강조하면서 돈 관리, 교통수단 이용, 전화사용, 쇼핑하기, 은행 이용하기, 여행, 개인위생 및 사회성, 여가생활과 더불어 기능적 학습 영역(읽기, 쓰기, 셈하기)의 기술들을 습득하는 것을 강조해 왔다(박현주, 박승희, 2001; 유병주, 2004). 그러나 최근 들어 공동생활가정이 장애인들을 위한 '성인교육기관'으로서의 역할을 해야 하는 것인지, 지역사회 내의 '가정'으로서의 역할을 해야 하는 것인지에 대한 문제 제기가 시작되고 있다(박승희, 나수현, 2009). 김민숙 (2012)에 따르면 장애인 공동생활가정에서 장애인의 입주기간은 2년에서 5년 미만이 가장 많았는데, 이는 장애인 공동생활가정에 거주 기한이 정해져 있는 곳이 많기 때문으로 지적된다. 이는 장애인 공동생활가정이 진정한 주거 의미의 가정으로서의 역할을 다하지 못하고 있음을 시사한다.

앞으로 장애인 공동생활가정은 교육적 혹은 프로그램 차원을 넘어 한 장애인이 거주하는 지역사회 기초 주거 서비스로서 '가정'의 의미가 더욱 강조되어야 할 것이다. 장애인 당사자 중 7~13년차의 장기 공동생활가정 거주자들은 교육과 훈련의 차원을 넘어 지역사회에 기초한 주거로서의 공동생활가정을 원하고 있다(신현철, 2008). 보호자 역시 주중보호기능이 아닌 공동생활가정의 주말 거주 기능을 활성화 시킬 수 있는 요구가 지속되어 왔다(신현철, 2008). 또한 우리나라 공동생활가정이 30년 정도의 역사를 가진 만큼 20대에 공동생활가정으로 입소한 후 노령화된 장애인이 현재도 공동생활가정에서 거주하고 있다. 또한 공동생활가정은 주로 20대에서 30대 중심으로 운영되고 있으며 지역사회 재활시설 개념에서 벗어나지 못하는 현재의 공동생활가정에서는 일정 나이가 지난 장애인들은 주거를 잃을 위기에 있다. 장애인 공동생활가정은 30년 남짓한 짧은 역사 속에서 그 수가 폭발적으로 증가하였지만, 양적인 팽창의 속도에 비해 관련 연구의 숫자는 매우 적은 수준이다. 지금껏 진행되어온 장애인 공동생활가정과 관련된 연구는 크게 장애인 공동생활가정의 필요성 및 모형개발, 효과성, 그리고 실태조사를 통한 활성화 방안에 관한 연구 등 크게 세 가지 주제로 제한적이다. 지금처럼 교사의 휴식을 위해 주말에 집으로 갔다가 다시 입주하는 공동생활가정 시스템으로는 장애인의 자립훈련이 가능하지 않고, 현재와 같은 단기보호의 형태로는 궁극적으로 장애인을 둔 부모님에게 이들의 미래를 다시 책임져야 하는 부담을 주며, 장애인 본인 역시 주중과 주말에 다른 시스템을 오가며 혼란을 겪을 수 있다. 장애인복지법 개정안에 장애인 주거에 대한 거주시설로서의 법적인 근거를 확보했음에도 불구하고, 여전히 일시적인 보호와 훈련을 담당하는 기능으로 제한되어 운영되고 있는 한계점,

방해요인이 무엇인지에 대한 조사와 이에 대한 방안에 대한 조사가 요구된다.

2) 연구 목적

본 연구는 이러한 발달장애인에 대한 점차적인 주거 서비스의 변화를 인식하고, 발달장애인의 자립생활 증진을 위하여 공동생활가정(그룹홈)이 주거로서의 해결과제를 알아보고자 하였다. 또한, 공동생활가정 입소를 희망하는 장애인과 공동생활가정에서 다른 장애인들과 공동으로 주거훈련을 마치고 지속적으로, 더 많은 자립생활을 희망하는 발달장애인의 자립에 필요한 역량이 무엇인지 서비스 종사자를 중심으로 알아보고자 하였다. 이를 위해 다음과 같은 연구문제들을 설정하였다.

1. 성공적으로 공동생활가정(그룹홈)에 살고 있는 발달장애인의 필수 역량은 무엇인가?
2. 장애인 공동생활가정(그룹홈) 이용자들이 중도에 퇴소를 권유받거나 스스로 결정하는 주된 이유는 무엇인가?
3. 장애인 공동생활가정(그룹홈)이 주거로서의 역할을 위하여 필요한 지원은 무엇인가?
4. 장애인 공동생활가정(그룹홈)이 주거로서의 역할을 못하게 방해하는 요인은 무엇인가?
5. 성공적으로 공동생활가정(그룹홈)에 살고 있는 발달장애인의 궁극적 독립생활을 위하여 앞으로 필요한 지원은 무엇인가?

2. 연구 내용

1) 해외 발달장애인 주거 관련 법규, 정책 및 현황 분석

- 미국・영국의 관련 법규, 정책 및 현황 분석
- 영국의 관련 법규, 정책 및 현황 분석
- 우리나라 발달장애인 주거지원 개선을 위한 시사점 도출

2) 우리나라 발달장애인 주거 관련 연구, 법규, 정책 및 현황 분석

- 교육부, 보건복지부 등의 관할 관련 법규 분석
- 교육부, 보건복지부 등의 관련 정책 분석
- 주거관련 실태, 문제점 및 요구에 관한 선행연구 분석(비장애대학생, 장애대학생)

3) 발달장애인 자립생활 증진을 위한 역량탐색 및 주거로서의 해결과제 파악을 위한 설문지 개발

- 발달장애인 자립생활 증진을 위한 설문지(안) 개발
- 발달장애인 자립생활 증진을 위한 설문지(안)의 적합성과 내용 타당도 검토
- 발달장애인 자립생활 증진을 위한 설문지(안)의 수정・보완 및 설문지 확정

4) 발달장애인 자립생활 증진을 위한 주거역량 설문지 분석

- 발달장애인 자립생활 증진을 위한 설문지 분석 결과 제시

5) 발달장애인 자립생활 증진을 위한 주거지원 개선방안 제언

- 문헌분석, 서베이조사, 전문가협의회, 외부 전문가 검토의견 등의 결과를 종합하여 발달장애인 자립생활 증진을 위한 주거지원 개선방안에 대한 제언 도출

3. 자료처리 및 분석

완성된 설문지는 SPSS 18 통계 조사 프로그램을 사용하여 분석하였다. 데이터 입력의 정확도를 위하여 수합된 설문지 중 무작위로 20%를 추출하여 대학원생에게 입력하도록 함으로써 데이터 입력의 정확도를 파악하였다. 응답자 현황, 방해요인, 필요한 지원, 지역사회 이용 정도에 대한 응답현황을 파악하기 위하여 기초통계 분석(평균, 분산, 빈도)을 사용하였다.

4. 용어정리

본 연구에서 사용되는 용어의 정의는 다음과 같다.

1) 발달장애인

본 연구에서 '발달장애인'이라 함은 '발달장애인 지원 및 권리보장에 관한 법률'의 제3조(정의)와 같이 "「장애인복지법」 제2조에 따른 지적장애인 또는 자폐성장애인 및 그 밖의 유형의 장애인으로서 만 18세 이전에 지적장애 또는 자폐성장애가 나타난 사람"으로 정의하고 있다. 또한 「장애인복지법」 제2조 및 동법시행령 제2조, 「장애인 등에 대한 특수교육법」 제15조 및 동법시행령 제10조에 따른 지적장애인과 자폐성장애인의 정의를 사용한다. 즉, 발달장애인이란 정신 발육이 항구적으로 지체되어 지적 능력의 발달이 불충분하거나 불완전하고 자신의 일을 처리하는 것과 사회생활에 적응하는 것이 상당히 곤란하거나, 소아기 자폐증, 비전형적 자폐증에 따른 언어・신체표현・자기조절・사회적응 기능 및 능력의 장애로 인하여 일상생활이나 사회생활에 상당한 제약을 받아 다른 사람의 도움이 필요한(장애인복지법 시행령 제2조 별표1) 학령기를 지난 사람으로 본다. 교육적으로 이들은 지적 기능과 적응행동상의 어려움이 함께 존재하여 교육적 성취에 어려움이 있거나 사회적 상호작용과 의사소통에 결함이 있고, 제한적이고 반복적인 관심과 활동을 보임으로써 교육적 성취 및 일상생활 적응에 도움이 필요한(장애인 등에 대한 특수교육법 시행령 제10조 별표1) 학령기를 지난 사람들이다.

2) 장애인 거주시설

장애인 거주시설의 종류와 정의는 장애인복지법 시행규칙 제41조(장애인복지시설의 종류와 사업)를 따른다.

- 장애유형별 거주시설이란 장애유형이 같거나 또는 유사한 장애를 가진 사람들에게 주거 · 일상생활 · 지역사회생활 등의 서비스를 제공하는 시설로 유형별 거주시설에는 ① 지체 · 뇌병변장애인 거주시설, ② 시각장애인 거주시설, ③ 청각 · 언어 장애인 거주시설, ④ 지적 · 자폐성장애인 거주시설이 있다.
- 중증장애인 거주시설이란 장애의 정도가 심하여 항상 도움이 필요한 중증장애인에게 주거 지원 · 요양서비스 · 일상생활지원 등의 서비스를 제공하는 시설을 의미한다.
- 장애영유아 거주시설이란 6세 미만의 장애영유아를 보호하고 재활에 필요한 주거 · 일상생활 · 지역사회생활 · 요양 등의 서비스를 제공하는 시설이다.
- 장애인 단기거주시설이란 보호자의 일시적 부재 등으로 도움이 필요한 장애인에게 단기간 주거서비스, 일상생활지원서비스, 지역사회생활서비스를 제공하는 시설이다.
- 장애인 공동생활가정이란 장애인들이 스스로 사회에 적응하기 위하여 전문 인력의 지도를 받으며 공동으로 생활하는 지역사회 내의 소규모 주거시설을 의미한다.

Ⅱ. 이론적 배경

Ⅱ. 이론적 배경

1. 장애인 주거서비스에 대한 철학적 배경

1970년대 이후, 전 세계적으로 장애인들이 비장애인들과 함께 지역사회 안에서 살아갈 수 있도록 지원하는 법적·사회적·교육적 노력들이 이어져 왔다. 1960년대 말과 1970년대 초 이후로 정상화 원칙(Wolfensberger, 1972)과 탈시설수용화 정책, 그리고 각 나라마다 통합을 지지하는 법률의 제정과 그것의 계속된 개정 법률은 장애인들이 지역사회로 통합되는 데 주요한 기여를 하였다.

특히, 1970년대에 발전하기 시작한 탈시설화 운동은 20세기 초에 급격히 늘어난 대형 수용시설의 물리적, 정서적, 사회적 환경의 비인간적인 여건과 개인 존엄성의 부재로 인해 시민들이 대형시설에 대한 부정적 시각을 갖게 되었고, 차츰 보다 작은 규모의 지역사회 중심의 주거시설 설립에 대한 필요성을 인식하게 되었다. 또한 Nirje의 정상화의 원리는 장애인들에게 정상적인 생활리듬(시간적·공간적 생활리듬)을 가질 권리를 인정해야 한다는 것에서 비롯되었다. 즉, 사람의 사회적 지위는 장애유무에 관계없이 동일한 것이며 장애인도 그들의 선택에 의한 삶을 영위할 수 있어야 한다는 것이다. 이러한 정상화 원리에 입각하여 선진국에서는 지역사회 거주 방안인 그룹홈이 사회통합의 향상을 가져다줄 수 있는 프로그램으로 인정되어, 지적장애인 및 장애인의 탈시설화 대책으로 대규모 수용시설을 지역사회 중심 거주시설인 공동생활가정(그룹홈)으로의 전환을 이루는 데 지대한 기여를 하게 되었다.

2. 선진국의 주거서비스 변화

1) 미국의 발달장애인 주거 정책 방향

(1) 장애인 주거 정책 개관

미국에서는 장애인들이 가정 및 지역사회에서 서비스와 지원을 받을 수 있도록 하는 다양한 연방법 및 주법이 있다. 장애를 가진 사람들이 가정이나 지역사회에서 거주할 수 있도록 권리를 부여하며, 장애를 가진 사람들이 장애가 없는 사람들과 가능한 한 최대 범위 내에 가장 통합된 환경에서 서비스를 제공하도록 하고 있다. 1990년 미국 장애인법(the Americans with Disabilities: ADA)은, 장애인들에 대한 차별을 금지시키고 그들을 경제적, 사회적 주류체계로 통합시키는 데 그 목적이 있다. 이 법을 통하여 장애인들의 차별을 금지시키기 위해 시행 가능한 구체적 기준을 마련하고, 그러한 기준을 시행하는 데 있어서 연방정부가 주 역할을 하도록 규정하였다. 장애인 차별금지법은 장애인의 지역사회 전반에 걸친 활동(고용, 교육, 교통, 정보와 서비스 접근성)에 있어서, 시설뿐 아니라 지역사회에 있는 장애인의 인권을 보장해 주는 법적 장치가 되어 오고 있다.

그 후 중요한 계기가 되었던 것이 Olmstead 판결(The Olmstead v. L.C. decision, 1999)인데, 1999년 6월 22일, 미국 연방대법원은 장애인을 불필요하게 정신병원에 장기 입원시키고 사회로부터 격리하는 것은 장애인에 대한 차별이고 해당 주(state)는 장애인들에게 적절한 서비스를 제공해야 할 의무가 있다고 판결하였다. 이 판결은 조지아주에 살고 있는 지적장애와 정신질환 장애를 가진 두 명의 여성들에 관한 사건이다. 이들은 모두 주에서 운영하는 시설에 거주하고 있었는데, 이들을 치료하는 담당 전문가들은 두 여성이 기능적으로 지역사회에서 적절한 서비스를 받으면 충분히 살아갈 수 있다고 판단하였다. 조지아주에서는 이들을 위해 제공되는 프로그램이 제한되고, 재정상 지역사회 거주를 뒷받침하기에는 제한이 따른다는 이유로 이들을 계속 시설에 머물게 하였다. 그러나 미국 대법원은 이 지역사회 서비스가 개인의 필요를 적절히 충족시킬 수 있는 경우, 개인이 지역사회 서비스를 거절하지 않는 경우, 이용 가능한 자원과 다른 장애인의 요구사항을 고려할 때 서비스를 제공할 수 있는 경우 반드시 지역사회 서비스를 제공해야 한다고 규정하였다(http://www.ada.gov/olmstead/q&a_olmstead.htm). 그러면서 연방대법원은 ADA의 근거에 의해 국가가 장애인을 정신병원 등의 시설에 수용하는 것보다는 지역사회 중심의 서비스를 제공할 의무가 있다는 역사적인 판결을 내렸다.

지역사회 내 장애인의 자립생활을 위한 재정지원체계와 서비스들은 주마다 다르지만 미국에서 지원되는 공적인 재정지원정책과 관련된 프로그램을 대략적으로 살펴보면 다음과 같다.

—사회보장국에 의해 운영되는 사회보장장애연금(SSDI) 제도와 저소득층을 위한 생계보조금(SSI) 제도

—의료 보험제도(Medicaid)와 장기 지원 서비스(long-term support services)

—지역사회기반의 장기 케어 서비스를 장려하기 위한 정책과 서비스

—고용을 통해 자립능력을 향상시키기 위해서 1999년에 TWWIIA 법과 Medicaid Infrastructure Grants를 통해서 지역사회 장애인의 고용확충을 위해 노력함

—주거선택을 좀 더 확보하기 위한 지원 프로그램으로 Fair Housing Accessibility FIRST와 주거선택 바우처 프로그램(Housing Choice Voucher Program) 등이 운영되고 있음

또한 미국은 장애인의 주거복지개선을 위해 「공정주택법」(FairHouse Act)이라는 주택관련법령으로 규정하고 있다. 「공정주택법」에서는 모든 유형의 주택에 대한 차별을 금지하고 있으며, 법 위반 시 연방정부에서 문제를 해결하기 위한 지원이 의무화되어 있다.

이 외에 교육법에서도 장애학생의 전환에 대하여 심도 있게 다루고 있다. 2004년 미 연방의회에서 재개정이 통과되면서 장애인 교육법은 장애인 교육 향상법(IDEIA; Individuals with Disabilities Education Improvement Act)으로 개명되었으나, 일반적으로 IDEA2004로 불린다(IDEA 2004). 새롭게 개정된 IDEA에서 전환교육과 관련된 중요한 사항들을 살펴보면 다음과 같다. 그전의 전환교육은 장애학생들이 학령기 이후 사회 구성원으로 다양한 생활환경에서 자립적인 삶을 영위할 수 있도록 준비하는 교육 과정으로 장애학생의 요구와 능력과 희망에 따라 장래 목표들을 개발하고 목표에 따른 활동들을 구체적으로

계획하고 실행하고 지속적으로 평가해 가는 과정이었다. 학령기 장애 청소년에게 이러한 일련의 과정들은 개별화전환교육계획(Individual Transition Plan; ITP)이라는 형식을 통해 이루어지고 있다. 2004년에 개정된 IDEA에서 전환교육에 대한 정의는 다음과 같다.

> 전환교육이란 기관 간의 협력 체제를 통해 계획되는 활동으로 장애 학생들이 학교에서 사회생활로의 전환을 촉진시키기 위한 학업적 · 기능적 성취 향상에 초점을 둔 결과 중심의 교육이다. 이에 고등교육, 직업교육, 통합된 서비스, 독립생활, 또는 지역사회 참여 등과 같은 졸업 후의 활동에 대비한 교육이다. 전환교육은 학생의 욕구, 흥미, 적성 등을 반드시 반영해야 하며, 교수, 관련 서비스, 지역사회 경험, 취업 및 졸업 후 성인기의 삶의 목표를 개발, 일상생활기술 획득과 기능적 직업 평가를 포함한다.

IDEA(2004)에서 제시하고 있는 전환 서비스의 개념은 단순한 협의의 개념에 직업관련 영역뿐만 아니라 학생이 고등학교를 졸업한 후에 독립된 성인으로 살아가는 데 필요한 모든 영역에서의 기술들을 포함하고 있다.

(2) 발달장애인의 주거유형

미국의 경우 이미 1970년대 초반에 지역사회 및 시설 거주자들을 돕기 위해 '지역사회 정신지체센터(community mental retardation centers: CMRCs)가 설립되어 지역사회 내의 분립시설이나 전문 인력이 상주하는 6~10명 정도의 그룹홈들을 지원하였다. 또한, 지적장애인들이 지역사회에 살게 되면서 지역사회 내에서 생산적인 활동을 할 수 있도록 보호고용(sheltered employment)과 계약노동(contract work) 등의 발전이 함께 이루어졌다. 이러한 발전은 지적장애인들이 지역사회 안에서 거주하면서 필요한 교육과 직업훈련을 받으며 여가활동 및 다양한 사회활동을 할 수 있는 기반을 조성하였다. 이후 지적장애인들의 지역사회로의 전이는 급속하게 이루어졌으며 사례관리를 통해 개별적인 계획서를 중심으로 그룹홈, 지원생활(supported living) 및 자립생활(independent living) 등의 다양한 주거시설에서 생활할 수 있게 되었다. 탈시설화 운동은 연속체서비스 배치의 개념에 따른 것이다(〈그림 2-1〉). 연속체서비스 배치 모형은 장애인에게 다양한 형태의 주거를 지원하게 되었다.

〈표 2-1〉에서 제시하였듯이, 결과적으로 1980년대에 들어서는 대형보호시설들은 점차적으로 쇠퇴되었고 미국 전역의 주립 생활시설들의 인원이 194,650명이었던 1967년과 비교하여 1995년에는 65,143명으로 감소되었으며 2011년도에는 29,809명만이 시설 거주하고 있다(Research and Training Center on Community Living Institute on Community Integrations, 2012).

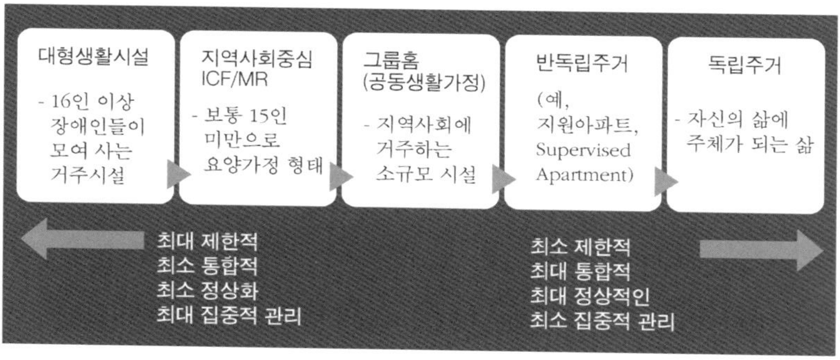

〈그림 2-1〉 주거의 연속체서비스 배치 모형

〈표 2-1〉 미국 대형거주시설에 거주하는 장애인의 수 변동(1950년부터 2011년)

연도	발달장애인	정신장애	전체	정신장애인 비율
1950	124,304	23,905	148,209	16%
1955	138,831	34,999	173,830	20%
1960	163,730	37,641	201,371	19%
1965	187,305	36,285	223,590	16%
1970	186,743	31,884	218,627	15%
1975	162,654	22,881	185,535	12%
1980	131,345	9,405	140,750	7%
1985	103,629	4,536	108,165	4%
1990	84,239	1,487	85,726	2%
1995	63,762	1,381	65,143	2%
2000	47,872	488[1]	48,360	1%
2001	46,236	565[2]	46,801	1%
2002	44,598	267[2]	44,865	1%
2003	43,289	386[3]	43,675	1%
2004	42,120	394[4]	42,514	1%
2005	40,076	396[5]	40,472	1%
2006	38,810	361[6]	39,171	1%
2007	37,172	782[6]	37,954	2%
2008	35,651	300[7]	35,951	1%
2009	33,682	417[8]	34,099	1%
2010	30,602	873[9]	31,475	3%
2011	29,809[e]	864[10]	30,673	3%

1: 뉴욕주(NY) 정신병동 시설 포함하지 않음.
2: 뉴욕주(NY) 또는 뉴저지주(NJ) 정신병동 시설 포함하지 않음.
3: 뉴욕주(NY), 뉴저지주(NJ), 버지니아주(VA) 정신병동 시설 포함하지 않음.
4: 인디애나주(IN) 또는 뉴저지주(NJ) 정신병동 시설 포함하지 않음.
5: 콜로라도주(CO), 뉴저지주(NJ), 버몬트주(VT) 정신병동 시설 포함하지 않음.
6: 콜로라도주(CO), 코네티컷주(CT), 뉴저지주(NJ), 버몬트주(VT) 정신병동 시설 포함하지 않음.
7: 뉴저지주(NJ), 인디애나주(IN), 버몬트주(VT), 뉴저지주(NJ), 버몬트주(VT) 정신병동 시설 포함하지 않음.
8: 콜로라도주(CO), 코네티컷주(CT), 뉴저지주(NJ), 노스캐롤라이나주(NC), 버몬트주(VT) 정신병동 시설 포함하지 않음.
9: 캘리포니아(CA), 콜로라도주(CO), 코네티컷주(CT), 인디애나주(IN), 노스캐롤라이나주(NC)정신병동 시설 포함하지 않음.
10: 콜로라도주(CO), 델라웨어주(DE), 인디애나주(ID), 메사추세츠주(MA), 노스캐롤라이나주(NC), 버몬트주(VT) 정신병동 시설 포함하지 않음.

2) 영국의 발달장애인 주거 정책 방향

(1) 장애인 주거 정책 개관

장애인 관련 정책과 관련하여 영국에서 1995년에 제정되어 2005년에 개정된 바 있는 '장애인차별금지법(Disability Discrimination Act)'은 고용, 물품, 시설, 서비스 제공 등에 있어서의 장애인 차별 금지 및 고용에 대한 규정, 전국 장애인심의회의 설치 등을 주요 내용으로 담고 있다. 또한 2005년 영국 정부는 모든 장애인들이 비장애인들과 마찬가지로 동등한 선택의 권리, 자유, 존엄성과 자기선택권을 가진다는 점을 공고히 하고 자립생활의 지원을 선언한 바 있다. 이어 2008년에는 자립생활을 보장하기 위한 장기적 정책 계획인 '자립생활전략'을 작성하였으며, 여기에는 자립생활정책의 목적과 내용, 평가 등이 포함되어 있다. 이러한 자립생활전략에는 주거에 대한 상담 및 정보제공 관련 규정의 개선, 건강에 위기를 겪고 있는 사람의 조기 판별 방안, 장애인 편의시설 보조금(Disabled Facilities Grant, DFG) 시스템의 재원 확대 등이 포함되어 있다(강미나 외, 2010).

한편, 장애인 전반에 대한 정책을 담당하는 각 주체들인 중앙정부, 지방정부, 민간비영리조직 등은 이러한 장애인의 자립생활전략과 관련하여 각각 다음과 같은 역할을 수행하고 있다. 먼저, 중앙정부는 장애인 정책의 목표와 방향 설정과 관련된 역할을 담당하고 있으며, 따라서 관련 예산, 계획 수립, 제도 등의 업무를 진행한다. 그리고 중앙정부 산하의 '평등 및 인권위원회'는 장애, 연령, 성별들을 이유로 이루어지는 차별을 막는 것을 그 목적으로 운영되고 있으며, 이 위원회 소속인 '장애위원회'와 '장애문제사무소(Office for Disability Issue)'는 각각 장애인 관련 정책의 집행과 장애인 관련 업무의 조정을 담당하고 있다. 특히 '장애문제사무소'는 정부 조직뿐만 아니라 장애인 단체들과 장애인 등이 참여하고 있으며, 정부의 주요 장애인 정책을 개발하고 계획하는 역할도 담당한다(강미나 외, 2010; 이동석, 2013).

또한 영국에서는 전통적으로 지방정부가 주거복지 서비스 제공에 있어서 핵심적인 역할을 담당해 왔는데, 특히 주로 정책에 대한 기준 설정 및 심사, 그리고 프로그램의 공급과 배분 등의 역할을 하고 있다. 마지막으로 민간 비영리 조직은 주택공급, 운영, 정보제공 및 서비스 제공 등 실제 운영과 관련된 역할을 맡고 있다. 이는 주택을 공급하는 데 있어서 비영리 사회주택사업자들의 역할이 커졌을 뿐만 아니라, 주거복지서비스가 다양화되면서 다양한 영역에서 민간의 서비스 공급 기능이 커졌기 때문이라 할 수 있다. 강미나(2010)는 이러한 영국에서의 장애인 주거복지정책 프로그램을 다음과 같이 분류하여 설명하고 있다(강미나 외, 2010).

첫째, 평생주택기준(Lifetime Homes Standard)은 장애인의 주거 소요에 대응하기 위하여 마련된 주택 건설기준으로서 16개의 디자인 기준을 담고 있다. 이들은 주차공간의 폭, 주차공간으로부터의 접근성, 현관, 공용계단과 엘리베이터, 문과 복도 등 주택이 기능적이면서도 모든 사람들의 요구에 유연하게 대응할 수 있게 고안된 기준들이다.

둘째, 저렴한 주택공급정책을 들 수 있는데, 이는 공공임대주택인 사회주택과 자가주택으로서의 홈바이주택 정책으로 나눌 수 있다. 우선 사회주택은 지방정부에 의하여 관리되는 임대주택으로서, 지방정부는 저렴한 주택을 희망하는 사람들로부터 신청서를 받고, 자격심사를 통하여 임대를 허가하는데, 이러한 과정에서 장애인과 관련된 사항들이 고려된다. 반면, 홈바이주택은 자가를 구입하기 힘든 계층의 사람들에게 자가를 구입할 수 있는 기회를 제공하기 위하여 만들어진

제도로서, 소득이 기준 이하인 가구에 대하여 주택가격의 일부분을 내고 나머지 부분에 대해서 임대료를 지불하는 방식으로 주택의 일부에 대한 소유권을 취득하는 제도이다.

셋째, 주거비 보조(Housing Benefit)는 임대 주택에서 생활하는 저소득층을 위하여 임대료를 지원하는 제도로서, 이러한 지원은 개인의 재정적인 상태 및 지불하는 임대료에 따라 달라진다.

넷째, 주택수선 및 개조지원은 저소득층을 대상으로 주택의 기본적인 개량이나 수선과 관련하여 보조금, 상담, 대출 등의 지원을 제공하는 것이다.

다섯째, 돌봄과 지원이 결합된 주택은 장애인들을 위하여 특별히 특성화된 주택으로서, 서포티드 하우징(supported housing), 쉘터드 하우징(sheltered housing), 엑스트라 케어 하우징(extra care housing) 등이 여기에 포함된다. 여기서 서포티드 하우징은 독립성을 유지하면서 생활하게 하고, 알람 시스템을 통하여 긴급 상황에 대비할 수 있으나 일반적으로 관리자는 배치되지 않는다. 반면 쉘터드 하우징은 고령자나 장애인용으로 건설되며, 관리자가 정기적으로 방문하기도 하고 함께 생활하기도 한다. 엑스트라 케어 하우징은 쉘터드 하우징보다 높은 수준의 케어와 서포트를 제공하는 주택으로 스스로 생활하기가 더욱 힘든 사람들을 대상으로 높은 수준의 케어를 제공한다.

마지막으로, 서포팅 피플(Supporting People) 프로그램은 주거와 관련하여 주택 찾기, 위기 예방 등 다양한 지원을 통하여 장애인들이 독립적이고 안정적으로 생활할 수 있도록 돕기 위한 것으로, 이를 위하여 주거지원담당자(Housing Support Officer)는 이용자와 정기적이고 지속적으로 주거 보조금 문제, 생활 기술 지원, 주택 개량 상담 등의 면담을 통하여 이용자들을 돕는다(장애인 주거실태와 주거정책 연구). 이와 같이 영국에서는 다양한 장애인 대상 주거 지원 프로그램들을 통하여 그들의 안정적인 주거를 돕고 있다(강미나 외, 2010).

(2) 장애인의 주거유형

앞서 언급한 바와 같이 현재 영국에서는 장애인 주거에 대한 다양한 정책과 지원 프로그램들이 개발되어 있으며 장애인의 자립생활을 돕고 있다. 그러나 초창기에 장애인들의 자립생활은 척수 손상, 근위축증, 뇌병변 등을 가진 신체장애인들을 중심으로 강조되어 자립생활에 대한 사회적 인식, 정책과 지원이 정신장애인이나 발달장애인에게까지 미치지는 못하였다. 이는 정신장애인이나 발달장애인들의 자기옹호(self advocacy)가 활발하게 전개되기 어렵기 때문이기도 하다. 그러나 이후 자립생활운동이 확대되면서 이러한 운동이 과연 다양한 장애와 정도에 따른 혜택을 줄 수 있는가에 대한 반성이 일어나게 되었고, 결국 모든 장애를 포괄하는 방향으로 나아가게 되었다(김진우, 2009).

한편, 발달장애인의 주거는 크게 돌봄 서비스와 주거 서비스의 결합 방식에 따라 다양한 유형으로 나뉠 수 있는데, 장애 정도에 따라서 필요로 하는 서비스가 다르기 때문이다. 즉, 장애인 개인에 따라 돌봄 서비스가 거의 필요 없는 경우부터 24시간 돌봄이 필요한 경우까지 있을 수 있으며, 주거 서비스 역시 1인 형태부터 집단 형태까지 다양할 수 있다. 이동석(2013)은 이러한 영국의 발달장애인 대상 주거유형을 돌봄 서비스와 주거 서비스를 기준으로 하여 분석한 바 있다. 그는 발달장애인들이 어디에 살 것인지, 누구와 살 것인지 선택권을 갖는 데 도움을 주기 위하여 2009년 발행된 실천전략 백서인 'Valuing People Now'에서 등장하는 21가지 발달장애인 대상 거주 유형을 돌봄 서비스와 주거 서비스의 결합 방식을 기준으로 다음 4가지 유형으로 분석하였다.

우선 일상적인 주거 형태이면서 돌봄 서비스가 많이 필요한 거주 유형으로서 첫째, '공유 가족'(Shared Lives)이 있다. 과거에는 성인 가족 배치(Adult Family Placement)라고도 불렸는데, 개인이나 가족이 일정 금액을 받고 노인이나 장애인을 자신의 가족과 지역사회에서 같이 살도록 지원하는 형태이다. 이들은 지역정부나 독립적인 기관에 의하여 운영되며, 케어 감독관리 기구인 CQC(Care Quality Commission)에 의하여 관리된다. 둘째, '집 공유'(Houseshare)는 비교적 최근에 개발된 방식으로서 다른 욕구를 가진 두 사람이 상호 이익하에 숙소를 공유하는 형태를 가리킨다. 즉 집주인은 부동산을 보유하고 있는 장애인이고, 집 공유자(Homesharer)로부터 지원을 받을 조건으로 숙소를 공유하게 되며, 이렇게 볼 때 자신의 집을 가진 장애인이 추가적인 비용 없이 도움과 지원을 받을 수 있는 유용한 방법이라 할 수 있다. 셋째, '지원 하숙'(Supported Lodgings and Supported Accommodation)은 집주인이 숙박을 임대하고, 이용자에게 추가적인 지원 서비스를 제공한다는 점에서 공유가족(Shared Lives)과 유사한 개념이지만, CQC의 관리감독을 받지 않으며 반드시 가정집에만 있는 것은 아니라는 점에서 차이가 있다(이동석, 2013).

다음으로 일상적인 주거형태이면서 돌봄 서비스가 거의 필요하지 않는 거주 유형으로, 첫째 '완전 소유'를 들 수 있는데 이는 장애인 개인이 주택을 매입함으로써 소유하는 방법을 가리킨다. 둘째, '가족의 투자를 포함한 공유 소유'(Shared ownership including family investment)는 재산의 일부를 구입하는 것으로, 단지 지분의 일정 부분만을 매입하는 것이라 할 수 있다. 셋째, '공동 소유'(Joint Ownership)는 몇몇 사람이 함께 부동산을 소유하는 것이다. 넷째, '집합 소유'(Collective Ownership)는 한 집단의 사람들이 집을 공동으로 구입 또는 건설하고, 케어와 지원서비스도 제공할 수 있는 형태를 가리킨다. 예를 들어, 장애인 부모들은 지역에 적절한 거주지가 없다고 느끼는 경우, 몇몇이 모여서 자원을 함께 활용하고 새로운 서비스를 개발할 수 있는 것이다. 다섯째, 임의 신탁(Discretionary Trust)을 통한 소유는 자식이나 친척을 위해 안전하고 장기적인 재정을 제공하려는 사람이 이용하는 것으로서, 재산을 신탁에 넘겨 장애인 자식이 계속 그 집에 살면서 필요한 돌봄과 지원을 제공받기 위한 것이다. 여섯째, 상속 재산, 선물 재산은 가족의 집을 물려받아 친숙한 곳에서 계속 살 수 있고, 지역사회의 지원도 계속 받기 위한 것이다. 일곱째, 홈바이(HomeBuy)란 공동소유의 한 형태이자, 주택협회로부터 저렴한 가격에 집을 소유하는 방법으로서 저소득층이 집을 소유할 수 있도록 하기 위한 정부 프로그램의 이름이기도 하다. 여덟째, 장기 장애인을 위한 집 소유 프로그램(Home Ownership for people with Long-term Disabilities, HOLD)은 장애인이 집을 소유하는 것을 돕기 위해 지방정부로부터 자금 지원을 받는 프로그램을 가리킨다. 아홉째, 주택구입 대출 이자 지원 프로그램(Support for Mortgage Interest, SMI)은 장애인이 주택구입 대출 이자 지원이라는 추가적인 소득지원의 도움으로 부동산을 구입할 수 있도록 하는 방법을 가리킨다. 이외에도, 시나 주택협회로부터 주택 임대, 민간영역으로부터의 임대, 임대를 위한 주택 구입, 임대 승계(Succession) 등의 주거 형태가 이 유형에 포함된다(이동석, 2013).

이어서, 집단을 이루어 살면서 돌봄 서비스가 필요 없는 유형으로는 첫째, 그룹홈을 들 수 있다. 그룹홈은 발달장애인을 위한 일반적인 형태로 3~5명의 사람들이 집을 공유하는 것이며, 각각은 자신의 침실을 갖고 있으며 지원 직원은 상주 또는 통근을 통하여 이들을 돕게 된다. 둘째, 지역사회 네트워크(Community network)는 몇 명의 장애인들(10명까지)이 이웃에 모여 살면서 네트워크를 형성하고 지원 직원(Community loving worker)의 지원을 받으며 사는 유형을 가리킨다. 여기서 일부는 집을 공유할 수도 있지만 대부분 각자 자신의 집에 살게 된다. 셋째, 계획 지역사회(Intentional communities)는 일종의 공동체 마을로서 계획된 주거 지역사회를 의미하며, 지원이 가능한 지역사회의 일부로서 장애인들이 함께 살도록 만든 주거 형태를 가리킨다.

마지막 주거 유형으로서 집단을 이루어 살면서 지속적인 돌봄 서비스가 필요한 유형을 들 수 있는데, 첫째, 돌봄 제공 보호시설(Extra care and sheltered housing)은 주로 55세 이상의 발달장애 노인을 대상으로 하여, 돌봄과 주거 보호를 합친 형태라고 할 수 있다. 보호시설(sheltered housing)은 20~40개의 집을 갖춘 작은 블록으로 라운지, 세탁실, 손님방과 같이 공동으로 사용하는 시설을 갖추고 있으며, 24시간 케어가 가능하다. 관리인들은 좋은 이웃 또는 응급상황 시 도와주는 등 매니저의 역할을 담당하고 있다. 둘째, 거주시설 돌봄 시설(residental care home)은 숙박과 함께 개인적인 돌봄을 제공한다. 이는 여러 사람과 공유하는 건축물에서 자기만의 방을 갖는 것을 의미하며, 24시간 돌봄과 음식이 현장에서 제공된다. 특히 현재 영국에서는 성인 발달장애인을 위한 시설(care home) 자리는 66,000개 정도로 널리 이용 가능하다. 또한 CQC에 의하여 관리되기 때문에 서비스의 질을 일정 정도는 보증할 수 있다(이동석, 2013).

3) 우리나라의 발달장애인 주거에 주는 함의

미국과 마찬가지로 영국을 포함한 유럽 전반에서도 보이는 거주보호의 변화추세를 다음과 같이 요약하며, 우리나라의 발달장애인 주거에 있어서 함의를 제시하고자 한다(이동석, 2013).

첫째, 대형 시설에서 거주보호를 받는 장애인의 수가 지속적으로 감소하고 있다. 거주보호를 받는 장애인의 수가 감소하고 있다는 사실은 거주보호에 대한 장애인의 욕구의 변화 때문이라기보다는 지난 50년간 꾸준히 제기되어온 대형 거주보호시설에 대한 부정적인 이미지와 장애인들의 심리사회적 발달에 미치는 부정적 영향 때문인 것으로 추정된다. 거주 인원 역시 지금보다 훨씬 줄일 필요가 있다. 실제로 영국의 거주 시설(care home)이 4~8인을 유지하고 있는 것처럼, 우리나라도 최대 10명 이하로 줄이는 방법을 모색하여야 할 것이다.

둘째, 대규모 거주시설보다는 소규모 시설을 선호하며, 소규모 시설에 기반을 둔 서비스 제공이 증가하는 경향이다. 소규모 시설은 고립되어 있는 지역이 아닌 지역사회의 일반 주거지역에 근접해 있고, 시설 안에 거주하는 사람의 수가 적으며, 상당한 자율성이 보장되어 있고, 지역사회 시설을 활용하고 참여하도록 지원해주고 있다. 이에 따라 과거의 대규모 시설들은 기존의 건물들을 보다 작은 소단위로 분할해서 운영하거나, 지역에 분산되어 있는 작은 주거지들을 관리·조정하는 센터로 활용되는 추세다. 또한 탈시설 또는 원래의 가정에서 분리될 수밖에 없는 상황에서 지역사회에 거주할 수 있는 다양한 방안에 대한 개발이 필요하다. 따라서 돌봄 서비스가 상대적으로 덜 필요한 경도장애인뿐만 아니라 돌봄 서비스가 상대적으로 더 많이 필요한 발달장애인이나 중도장애인들을 대상으로 한 적절한 주거 서비스가 제공되도록 해야 할 필요가 있다.

셋째, 돌봄 서비스의 수준이 개인 가구인지 집단을 이루어 사는지에 따라 정해져서는 안 된다. 앞서 확인한 바와 같이 돌봄 서비스와 주거 서비스의 수준에 따라 다양한 주거 유형이 포함될 수 있다. 앞으로의 주거 서비스는 돌봄 서비스와 주거 서비스를 분리하여 생각하고 이를 다시 적절하게 조합함으로써 다양한 주거형태를 개발할 수 있어야 한다.

넷째, 일상적인 주거형태이면서 돌봄 서비스는 거의 필요 없는 유형의 경우에는 다양한 주택지원 정책의 개발이 필요하다. 이들을 위한 정책으로는 중증장애인 전세주택 제공 확대, 주택구입 및 전월세 보증금 지원 확대 등을 들 수 있다.

다섯째, 거주시설에 입소하는 장애인을 잘 돌보기 위해서 장애인이 원래 속했던 가족과의 협력이 필수적임을 깨닫고, 부모들이 아이들에 대한 권리를 행사할 수 있도록 지원하고 격려하는 일이 점차 강조되고 있다.

마지막으로, 우리나라의 경우 복잡한 기준과 신청 절차 때문에 서비스를 이용하지 못하는 장애인이 많다. 따라서 이를 위한 적극적인 사업 홍보와 서비스 전달의 단순화가 필요할 것이다.

3. 한국 장애인 주거정책 현황

1) 주거관련 법과 권리

(1) 주거권 보장[1)]

발달장애인의 자립생활 조건 중의 하나로 주거권 보장을 들 수 있다. 주거권은 '적절한 주거생활을 할 권리(the right to adequate housing)'로 이를 보장하기 위한 노력은 오랜 역사를 가지고 있다. 우리사회에서 주거권의 주체는 원칙적으로 모든 국민이지만 여러 여건의 제약으로 주거안정이 어려운 이들에게 적절한 주거환경을 보장하기 위한 권리로서 그 의미가 크다. 따라서 국가는 이들이 주거권을 행사할 수 있도록 실태를 파악하고 실현시켜야 할 사회적 의무가 있다. 2009년에 국토해양부가 최초로 장애인 주거부문에 초점을 두고서 조사를 실시한 배경은 이러한 책무의 일환으로 볼 수 있다. 최근에 주거약자의 주거안정과 복지향상을 위해 제정된 「장애인·고령자 등 주거약자 지원에 관한 법률」(2012. 2. 22 제정, 2012. 8. 23 시행)에 대해 몇 가지 살펴보고자 한다.

첫째, 이 법률에서는 주거약자를 위해 필요하다면 주택법(제5조의2)에 근거하여 최저주거기준을 강화시킬 수 있다고 규정하고 있다. 따라서 장애인 거주시설의 최저기준이 마련되어 시행되고 있는 것처럼 재가 장애인의 주거권을 보장하기 위한 일환으로 장애유형별 특성이 반영된 최저주거기준이 마련되어야 한다.

둘째, 이 법에서는 임대주택을 건설하는 경우 3% 이상을 의무적

---

1) 우주형(2012) 재인용.

으로 주거약자용으로 건설하도록 명시하고 있다. 이미 일부 지역에서 국민임대주택을 장애인에게 5% 공급하고 있음에도 불구하고 낮은 수치를 규정한 것이므로 이에 대한 재검토가 필요하다.

셋째, 기존 임대주택을 주거약자의 생활환경에 적합하도록 개조할 수 있는 지원방안이 필요하다. 주거지원법에는 주택개조를 위해 소요되는 비용을 융자받을 수 있도록 명시했으나, 대부분 경제적 약자임을 고려하면 규정의 실효성을 확신하기 어렵다. 관련비용에 대해 국가나 지자체가 지원할 수 있는 근거가 마련되어야 할 것이다.

넷째, 주거문제에 대한 상담 및 지원업무, 정보제공, 실태조사 등을 위한 주거지원센터의 설치에 대한 규정이다. 주거지원센터는 정책의 실효성을 확보하기 위한 원래의 취지대로 활용된다면 유용할 것이다. 이를 위해서는 무엇보다 지역과의 연계가 전제되어야 한다. 예를 들면, 지역사회의 인적자원, 물적자원, 정보, 다양한 교육과 재활지원 프로그램, 지역사회와의 네트워크 형성 등을 포함시킨 사회와의 통합적 노력이 요구된다. 그러나 주거지원법의 경우 기본적으로 장애인과 고령자의 욕구와 특성이 확연히 다름에도 불구하고 이러한 점이 적절히 반영되지 못하고 있으며 실효성을 담보하는 차원에서 장애인 당사자들이 요청한 개선 내용들을 대부분 포함시키지 않았다는 점에서도 한계를 보이고 있다(우주형, 2012).

우리나라 장애인 주거복지정책 프로그램은 지원내용에 따라 주택공급관련 프로그램, 주거비 지원 및 주택금융관련 프로그램, 주택개조지원 프로그램으로 나눌 수 있다. 장애인 주거복지 프로그램의 내용과 특징, 운영주체에 따라 장애인 주거복지 프로그램을 요약하여 정리해보면 다음과 같다.

〈표 2-2〉 장애인 주거복지 정책 프로그램 요약*

구분	명칭	업무분담 내용	업무분담 주체	성격	특징
주택 공급	보금자리주택	공공분양	한국토지주택공사	공공	기관장의 추천이 있는 경우 우선 공급대상자로 선정
		공공임대	한국토지주택공사	공공	기관장의 추천이 있는 경우 우선 공급더상자로 선정
		국민임대	한국토지주택공사	공공	장애인일 경우 우선입주자로 선정
		영구임대	한국토지주택공사	공공	장아인 및 사회적 약자를 위한 주택인 영구임대주택에 입주를 신청할 수 있는 권한을 부여
	다가구매입임대 주택	주택매입 후 임대	한국토지주택공사	공공	공동생활가정(그룹홈)의 주거공간을 임대해 줌
주택 개조 사업	장애인 편의시설 설치	편의시설 설치	중앙정부 한국토지주택공사	공공	국민임대주택 입주자 중 희망하는 장애인 가구에 편의시설 설치지원
	농어촌 장애인 주택개조사업	노후주거 시설 개선 및 편의시설 설치	중앙정부	공공	각 지방정부에서 추천한 가구 중 선택된 가구의 노후주거 시설 개선 및 편의시설 설치
	서울형 집수리사업		지방정부 (서울시)	공공	선정된 장애인 가구의 노후주거시설 개선 및 편의시설 설치
	저소득 장애인 주거환경개선사업		지방정부 (경기도)	공공	선정된 장애인 가구의 노후주거시설 개선 및 편의시설 설치
	중증장애인 주거환경개선사업		지방정부 (경상남도)	공공	선정된 장애인 가구의 노후주거시설 개선 및 편의시설 설치
	집수리사업		NGO 및 민간비영리단체	민간	선정된 장애인 가구의 노후주거시설 개선 및 편의시설 설치

* 강미나 외(2010) 인용.

(2) 발달장애인법

발달장애인법안은 제1조(목적)에서 '발달장애인의 인간다운 생활과 권리를 보장하기 위하여 국가와 지방자치단체의 책임을 명백히 하고 발달장애인에 대한 각종 지원과 옹호 및 서비스 등에 관한 사항을 규정함으로써 발달장애인이 지역사회에서 기본적인 생계를 유지하는 가운데 최대한 자기 주도적으로 참여하고 생활할 수 있도록 보장함을 목적으로 한다'라고 밝히고 있다. 이는 발달장애인의 '인간다운 생활'과 '권리의 보장'이라는 두 개의 기본 축 안에 발달장애인의 지역사회 참여라는 보다 구체적인 목적을 제시하고 있다. 발달장애인법은 발달장애인의 인권보호, 개별 맞춤형 복지지원 체계구현, 소득보장의 근거가 마련된 발달장애인 맞춤형 법률로 발달장애인 전담검사와 전담사법경찰관 배치, 위기발달장애인쉼터 설치, 서비스 총량제와 개인별지원계획 제도 도입, 발달장애인 특화 직업훈련시설 운영, 행동발달증진센터 설치, 소득보장 필요성의 법적 인정 등이 법률안에 명시되어 있다.

발달장애인 지원법 안에서는 거주환경 스펙트럼의 다양화를 제시하고 있다. 주거는 큰 축에서 거주와 요양으로 구분될 수 있다. 이 법안에서는 거주시설 전환을 희망하는 장애인을 위해 완전독립형, 부분독립형, 공동생활형, 요양형이라는 4가지 유형의 거주 서비스를 제안하고 있다. 거주시설을 이용하는 장애인의 경우 제공받기를 원하는 서비스의 내용이나 지원의 강도는 개인에 따라 다를 것이다. 이처럼 이용자의 필요와 욕구에 부합하는 거주시설의 다양화는 거주 서비스의 주요 원칙이 되어야 할 것이다.

'발달장애인 지원 및 권리보장에 관한 법률'이라는 법안의 명칭에서 드러나듯이 이 법안은 발달장애인에 대한 복지적 지원과 인권보호를 두 축으로 하여, 성인 발달장애인의 인간다운 생활과 지역사회의 자기주도적 참여 및 권리의 보장을 주요 목표로 삼고 있다. 보다 구체적으로 보면 발달장애인법은 강점을 기반으로 한 지원 시스템을 구현하여 발달장애인이 가진 강점을 바탕으로 서비스 지원에 대한 평가가 이루어지고, 그러한 강점이 다양한 사회영역에서 발달장애인의 참여를 활성화시킬 수 있는 중심요소가 되도록 제도설계를 하고 있다.

〈표 2-3〉에도 보듯이 제4조(발달장애인의 권리)에서 보면 발달장애인은 최소 제한 환경에서 이루어지는 발달장애인 서비스, 평생교육, 고용, 여가, 체육, 문화 등의 서비스를 제공받을 수 있는 권리를 가지고 있고 존엄권, 사생활 보호권, 인도적 보살핌을 받을 권리가 있다고 명시되어 있다. 최소제한 환경 원리에 입각한 발달장애인의 사회통합을 지향함으로써 최대한 지역사회와 통합된 방식으로 서비스를 지원하고, 지역사회통합이 어려운 경우 차선책으로 보다 제한된(분리된) 방식으로 서비스를 지원하는 시스템을 구축하며, 기존의 장애인자립생활 모델에서 발달장애인에 보다 적합한 상호의존 모델을 적용하여 발달장애에 대한 감수성과 이해를 기반으로 서비스 공급자와 수요자 간의 상호작용과 사회적 관계형성을 촉진하고 지역사회의 통합을 유도하는 지원체계를 구축하고자 한다.

〈표 2-3〉 발달장애인 주거서비스 관련조항

관련조항		주요목차
제4장 발달 장애인 서비스	제4절 주거와 돌봄 (제45조~제53조)	거주시설 전환지원(4가지 유형의 거주시설)
		(완전, 부분) 독립형, 공동생활형, 요양형 거주시설 지원
		주거임대사업자 지원
		돌봄지원(가정, 위탁) 및 주간활동지원
		이동지원

(3) 장애인복지법

장애인복지법에서의 자립생활 지원과 관련된 조항들에서 볼 수 있듯이 중증장애인의 자립생활을 위한 국내의 지원 현황으로 중증장애인 자립생활지원센터, 활동보조서비스, 장애동료 간 상담 등이 있으며 이외에도 주택확보 및 개조 지원, 장애인 이동편의지원, 장애인교육 및 직업훈련 등의 지원이 이루어지고 있다.

우리나라의 경우 장애인과 관련된 주거권은 헌법, 장애인복지법, UN장애인권리협약 등에 나타나 있다. 헌법 제35조 제3항에서 '국가는 주택개발정책 등을 통하여 모든 국민이 쾌적한 주거생활을 할 수 있도록 노력하여야 한다'고 규정하고 있다. 장애인복지법은 제27조에서 '공공주택 등 주택을 건설할 경우에 장애인에게 우선 분양 또는 임대할 수 있도록 노력하여야 하고, 주택의 구입자금, 임차자금 또는 개・보수비용의 지원 등 장애인의 일상생활에 적합한 주택의 보급・개선에 필요한 시책을 강구하여야 할 의무가 있다'고 규정하고 있다. 또한, 동법 제58조 제1항 제1호에서 '장애인복지실시기관은 체험홈의 설치에 따른 구입비 또는 임차비, 시설 개・보수, 체험홈 운영을 위한 생활가구 및 가전제품 등 생활용품 구입비를 지원할 수 있다. 임차비를 지원할 경우 전세권 설정에 있어 시군구청장이 적극적으로 이에 조력하여야 하며, 물가인상 요인에 의해 임차비 인상 등에 따른 어려움이 발생하는 경우 이를 감안한 지원액 조정을 통하여 체험홈의 원활한 운영을 도모하여야 한다'고 규정하고 있다. 또한, 장애인권리협약 제19조 자립적인 생활 항목에서는 '장애인은 다른 사람과 동등하게 자신의 거주지 및 동거인을 선택할 기회를 가지며 특정한 주거형태를 취할 것을 강요받지 아니한다'고 되어 있으며, 제28조에서는 당사국은 공공주택 프로그램에 대한 장애인의 접근을 보장할 것을 규정하고 있다. 이외에도 주택공급에 관한 규칙에 의해, 85제곱미터 이하 공공분양 임대주택 건설량의 10% 범위 내에서 장애인 등에 한하여 특별 공급할 수 있도록 되어 있으며, 국민임대주택 건설량의 20% 범위 내에서 장애인 무주택세대주에게 우선 공급하도록 되어 있다. 또한 다가구매입임대 및 기존주택전세임대 입주대상자에 장애인이 포함되어 있으며, 공동생활가정 입주대상자에 장애인을 포함하고 있다. 또한 시설에서 나와서 지역사회에서 자립하여야 하는 경우에 대해, 중앙정부 차원에서 주거 공간 지원 체계는 없으나, 서울시만 2010년부터 '자립생활가정'이라는 이름으로 서울시 운영 체험홈에서 경험을 한 탈시설 장애인에게 주택을 공급하고 있다. 자립생활가정은 장애인전환서비스지원센터에서 관리 운영하며, 탈시설 장애인에게 최대 5년까지 무상 임대하는 형태로 운영하고 있다. 하지만 현행법에 시설거주인의 지역사회 자립을 위한 주거 공간 지원에 대한 명시가

〈표 2-4〉 장애인복지법의 장애인 자립생활 지원 관련 조항(2008년 2월 일부개정)

조	내 용
제53조 자립생활지원	국가와 지방자치단체는 중증장애인의 자기결정에 의한 자립생활을 위하여 활동보조인의 파견 등 활동보조서비스 또는 장애인보조기구의 제공, 그 밖의 각종 편의 및 정보제공 등 필요한 시책을 강구하여야 한다.
제54조 중증장애인 자립생활 지원센터	① 국가와 지방자치단체는 중증장애인의 자립생활을 실현하기 위하여 중증장애인자립생활지원센터를 통하여 필요한 각종 지원서비스를 제공한다. ② 제1항의 규정에 따른 중증장애인자립생활지원센터에 관하여 필요한 사항은 보건복지가족부령으로 정한다.
제55조 활동보조인 등 서비스 지원	① 국가와 지방자치단체는 중증장애인이 일상생활 또는 사회생활을 원활히 할 수 있도록 그 활동에 필요한 활동보조인의 파견 등 화동보조서비스를 지원할 수 있다. ② 국가 및 지방자치단체는 임신 등으로 인하여 이동이 불편한 여성장애인에게 임신 및 출산과 관련한 진료 등을 위하여 경제적 부담능력 등을 감안하여 활동보조인의 파견 등 활동보조서비스를 지원할 수 있다. ③ 제1항 및 제2항의 규정에 따른 활동보조인의 파견 등 서비스 지원의 기준 및 방법 등에 관하여 필요한 사항은 대통령령으로 정한다.
제56조 장애동료 간 상담	① 국가와 지방자치단체는 장애인이 장애를 극복하는 데 도움이 되도록 장애동료 간 상호대화나 상담의 기회를 제공하도록 노력하여야 한다. ② 제1항에 따른 장애동료 간의 대화나 상담의 기회를 제공하기 위한 구체적인 사업 등에 관하여 필요한 사항은 보건복지가족부령으로 정한다.

없어 전국적으로 확산은 되지 않고 있다.

장애인들의 실제 주거현황을 보면, 장애인의 주거현실은 열악한 것으로 보인다. 더구나 발달장애인의 특별한 욕구는 대부분 무시된다. 발달장애인의 욕구를 확인하고 주류 주거 정책에 이 욕구를 도입하려는 정책은 현재까지 없다. 욕구가 인정된다 할지라도, 욕구는 집단화되고 특별한 시설이 필요한 것으로 정리된다. 일상적이고 이용 가능한 주거 체계 내에서 주거를 제공하는 가치나 가능성에 대해서는 신경을 쓰지 않고 있다. 이런 문제는 현재까지 나온 주거관련 실태조사를 보아도 알 수 있다. 장애인 전체에 대한 조사는 있지만 발달장애인의 욕구를 조사하거나 정책함의를 내놓는 경우는 거의 없는 실정이다.

2) 우리나라의 장애인 주거 서비스 실태

(1) 장애인 주거실태[2)]

2011년 보건복지부가 도시연구소에 의뢰해 실시한 '주거취약계층 전국실태조사' 결과에 따르면, 주거취약계층의 23% 정도가 장애인인 것으로 나타났다. 이는 일반적인 장애인출현율의 5배에 이르는 높은 수치로 비장애인에 비해 주거취약상황이 심각하다는 점을 보여주는 것이다. 보건복지부의 「2011년 장애인실태조사」에 따르면, 전체적으로 공공임대 보급률이 낮아 영구임대주택 이용 경험이 있는 장애인은 전체 장애인의 8.9%에 불과했으며, 공공(국민)임대주택의 경우에는 1.0%만이 이용 경험이 있는 것으로 조사되었다. 또한 전세자금지원

2) 이동석(2013)에서 재인용.

과 주택구입자금지원 역시 각각 전체 장애인의 3.8%와 1.6%만이 이용경험이 있고, 주택개조사업은 단지 0.5%만이 이용 경험이 있는 것으로 나타나 전반적으로 장애인의 주거복지나 주거지원사업이 상당히 미약한 것으로 조사되었다. 이처럼 장애인의 주거현실이 열악한 것으로 보아 장애인 평균에 비해 더 많은 배제와 차별을 받고 있는 발달장애인의 주거현실을 더욱 열악하다고 판단할 수 있다(이동석, 2013).

(2) 장애인 대규모 거주시설 실태

우리나라의 장애인 복지시설에 대항 명칭으로 입소시설이라는 용어를 사용하고 있는데 입소시설에는 재활시설, 요양시설, 근로 시설 등이 포함되고 있다. 전국의 총 입소시설의 수는 2012년 현재 1,348개이고 이 가운데 지체(40), 시각(16), 청각(8), 지적장애(278), 중증장애(201), 장애영유아(10) 거주시설이 553개에 이르고 있다. 이들 시설에 수용보호되고 있는 장애인은 총 26,441명으로 각 시설 당 평균입소 인원이 48명을 넘고 있다(다음 〈표 2-5〉 참고). 이러한 면에서 본다면 우리나라 수용시설은 전형적인 대규모 수용보호의 형태를 띠고 있는 것이라 할 수 있다.

(3) 공동생활가정 정의 및 실태

이러한 대규모 거주시설 외에 탈수용시설에 입각한 좀 더 비장애인의 거주와 비슷한 형태인 소규모 주거시설인 장애인 공동생활가정이 있다. 장애인복지법(2008)에 의하면 '장애인 공동생활가정은 스스로 사회적응이 곤란한 장애인들이 장애인 복지전문인력에 의한 지도와 보호를 받으며 공동으로 생활하는 지역사회 내 소규모 주거시설'

이라고 정의되어 있다. Beirne-Smith, Patton과 Kim(2006)은 공동생활가정을 주로 소규모(주로 6~8명 이하)그룹의 발달장애인들과 지적장애인들이 24시간 지원을 제공하는 직원들과 거주하며, 음식준비, 금전관리, 집관리, 여가 오락 활동 등의 일상생활에 필요한 도움을 받고, 일반 가정과 유사한 주거환경에서 생활할 수 있게 만든 지역사회 거주 프로그램이라고 정의했다.

우리나라에서는 1981년 광주 엠마우스복지관이 주택단지 내에 있는 일반주택에서 정신지체장애인을 위한 공동생활가정(그룹홈)을 운영하면서 처음으로 시작되었다. 이후 명도복지관(목포, 1986년), 서울시 정신지체인복지관(서울, 1992년), 충북재활원(청주, 1993년), 장봉혜림원(부천, 1995년) 등에서 그룹홈을 운영하기 시작하였으며, 1995년에는 서울특별시의 재정지원이 확장되어 남부장애인종합복지관(서울, 1995년), 충현복지관(서울, 1995년), 서울특별시 장애인종합복지관(서울, 1995년), 한국장애인부모회(서울, 1995년), 밀알선교단(서울, 1996년) 등에서도 그룹홈 사업이 진행되었다. 그룹홈의 운영주체는 크게 공공기관, 장애인복지관, 생활시설, 사회복지법인, 사단법인, 사회단체나, 종교단체, 개인이 신고절차를 통하여 설치・운영할 수 있는데 한국의 장애인 공동생활가정은 지난 30여 년 동안 특히 90년대에 들어오면서 전국적으로 그 수가 증가하여 1999년에 이미 200개를 넘어섰고(박소현, 2002), 2012년 현재는 전국에서 667개의 장애인 공동생활가정이 운영되고 있다(다음 〈표 2-5〉 참고).

(4) 공동생활가정의 장점 및 목적

여러 가지 차원에서 볼 때 소규모 주거시설로서 공동생활가정은 입주 장애인의 성장과 발달과 사회통합에 긍정적인 기여를 할 수 있

〈표 2-5〉 전국 장애인 시설현황

(단위: 시설수, 명)

시도	합 계			지체장애			시각장애			청각장애			지적장애			중증장애			장애영유아			단기			공동		
	시설수	정원	현원	시설수	정원	현원	시설수	정원	현원	시설수	정원	현원	시설수	정원	현원	시설수	정원	현원	시설수	정원	현원	시설수	정원	현원	시설수	정원	현원
합계	1,348	35,545	30,640	40	2,563	2,057	16	1,151	786	8	519	335	278	13,366	11,748	201	12,536	11,006	10	592	510	128	1,683	1,438	667	3,140	2,760
서울	264	5,150	4,356	3	240	207	3	202	143	1	62	41	14	1,104	943	22	2,232	1,774	2	110	88	36	404	431	183	796	729
부산	65	1,920	1,553	4	295	232	1	95	27	1	76	49	10	800	654	6	367	329	2	91	86	2	30	28	39	166	148
대구	48	1,868	1,700	3	410	369							7	606	550	9	597	546	1	98	93	2	22	14	26	135	128
인천	67	1,448	1,135	2	154	81	1	100	62	1	50	19	6	257	202	11	626	533	1	50	40	5	61	56	40	161	153
광주	39	1,013	797	3	170	118	1	100	45				11	462	409	2	170	139				1	12	7	21	89	79
대전	57	1,416	1,055	1	120	73	1	70	66				7	512	411	8	367	275	1	53	51	9	118	59	30	176	120
울산	23	668	608							1	65	45	1	65	60	5	400	382				6	90	81	10	48	40
세종	3	202	154										2	202	152	1	97	72									
경기	304	7,225	6,377	9	271	228	4	127	97	2	96	77	81	2,939	2,585	43	2,696	2,461	1	100	96	6	72	41	137	668	588
강원	64	1,541	1,401	2	39	20	1	80	75				16	636	577	11	584	540				7	80	70	27	127	119
충북	59	2,286	1,899	2	145	90	2	210	108	1	145	87	11	757	641	12	846	811				3	50	36	28	133	126
충남	54	2,056	1,807										17	1,151	1,034	15	725	650				4	75	50	18	105	73
전북	69	2,111	1,847	3	198	161	1	50	45				31	1,221	1,070	11	475	429	1	50	42	2	25	20	20	92	80
전남	44	1,374	1,278	2	130	130	1	120	85	1	25	17	23	797	722	4	220	214				3	35	34	10	47	43
경북	74	2,514	2,172	4	271	191							19	915	780	23	1,145	995				9	142	127	19	100	68
경남	85	2,146	1,929	2	154	152							15	813	800	12	740	609	1	40	14	8	154	136	47	245	218
제주	29	607	572										7	241	222	6	260	255				4	54	47	12	52	48

출처: 보건복지부. 2013년 장애인복지시설일람표.

는 방안이다. 첫째, 일반 사회구성원들과 비슷한 방식으로 욕구를 충족할 수 있기 때문에 생활 전반에서 일상생활에 대한 접근 기회가 증가된다. 둘째, 비장애인들과 유사한 지역사회환경에서 생활할 수 있는 것은 장애인의 기본적인 권리이다. 또한 공동생활가정은 성장과 발달의 기회를 더 많이 제공하고 비장애인과 비슷한 지역사회환경에서 생활할 수 있게 됨에 따라 장애인을 비정상적인 사람으로 보는 편견을 완화할 수 있다. 해외 문헌들을 살펴보면 공동생활가정은 대형시설에 비하여 구체적인 장점이 연구되었다. 우선 입소자가 느끼는 삶의 만족도가 높고(Burchard et al., 1991; Wehmeyer & Bolding, 1999), 입소자 자신이 삶에 있어 더 많은 선택권이 있으며(Emerson et al., 2000; Robertson et al., 2001; Stancliffe & Lakin, 1998; Wehmeyer & Bolding), 지역사회 활동에도 더 많은 참여의 기회를 제공받을 수 있으며, 우정 형성과 사회성 발달(Emerson & McVilly, 2004; Forrester-Jones et al., 2006; Robertson et al., 2001)에도 효과적이어서 장애인들의 자립에 긍정적인 영향을 미친다는 연구가 지속되고 있다. 공동생활가정은 대부분 대규모 수용시설에 살던 발달장애 성인에게 가능한 정상적이고 개별적인 환경에서 교육적인 지도를 통해 발전가능성을 높이고자 하는 정상화 개념에서 시작되었기 때문에, 공동생활가정의 교육프로그램은 지역사회 내에서 살아가기 위하여 직접경험을 통하여 일상생활 기술과 지역사회에의 적응력을 기르기 위한 훈련을 제공한다. 훈련내용은 여행가기, 돈 관리, 교통수단이용, 전화사용하기, 쇼핑하기, 은행이용하기 등을 우선적으로 고려할 수 있으며 사회성, 여가활동과 더불어 기능적 학습영역(읽기, 쓰기, 셈하기)에서의 기술을 습득할 수 있다(박현주, 박승희, 2001; 유병주, 2004).

요즘 들어 공동생활가정은 이러한 교육적 차원을 넘어 한 성인이 거주하는 가정의 의미가 더욱 강조되고 있다. 또한 1992년 이후 공동생활가정은 양적인 발전이 이루어져 왔으나 획일적인 정책과 운영으로 이용자들의 욕구에 맞는 다양성을 갖추지 못한 것이 공동생활가정의 질적인 발전에 가장 큰 제한이 되어 왔다. 장애의 사회적 모델로의 점차적인 전환은 환경의 중요성을 강조함과 동시에 근본적으로는 장애당사자의 적합한 환경에 대한 자기결정과 선택을 강조하고 있다. 이에 서울시는 2006년 서울시 장애인복지사업안내지침을 통해 공동생활가정의 다양한 유형을 제시하였고, 발전된 형태의 공동생활가정인 자립홈 3개소를 시범 운영하고 있다. 자립홈의 거주인은 시설 혹은 그룹홈에서의 공동생활을 경험하고 훈련받은 사람들로 그룹홈의 양적활성화를 전제로 기존의 그룹홈처럼 비영리법인이 운영하는 제도적 범위에서의 주거시설이 아닌 순회 직원으로부터 최소한의 지원을 받으며 자유로이 자립생활을 즐길 수 있는 독립적인 주거 형태 및 생활지원 형태를 말한다. 자립홈은 그룹홈의 발전적인 형태로 성인 지적장애인이 스스로 선택권과 결정권을 가지고 자신의 생활에 책임을 부여하는 삶을 인정한다.

우리나라보다 앞서 그룹홈을 시작한 서구의 여러 나라에서는 이제 그룹홈이라는 시설적 개념이 없이 점차 지적장애인 본인과 가족의 의사결정이 더 중요한 비중을 차지하게 되면서 지원이 직접 수혜자에게 전달되도록 하는 지적장애인 지원프로그램이 실시되고 있다. 이를 통한 지역사회중심의 자립적인 주거는 그들을 위한 주거서비스의 패러다임을 바꾸어 놓았다. 독일의 경우, 1994년에 이미 700여 개의 지역사회통합주거시설에 5,000여 명의 지적장애인들이 생활하고 있다. 기존의 공동생활가정의 경우는 거주자 4명에 1명의 직원이 상주하는 형태와 비교하여 자립홈은 거주자 9명당 1명의 직원이 순회 지원하는 형태로 직원의 인건비와 최소한의 시설운영비만을 필요로 하기 때문에 기존의 1개 홈의 예산으로 3개의 자립홈 즉, 9명의 거주인이 생활할 수 있어 경제적 측면에서 매우 효과적이다. 2006년에 시범 운영한 자립홈은 안정적인 주거환경을 갖추고 최소한의 인력으로 다양한 자원연계를 통해 거주인의 취업, 사적인 생활, 여가 등 자립생활 향상으로 삶의 질을 높여주었으며, 자립홈에서의 계속적인 생활에 대한 당사자 및 가족의 절대적인 욕구로 나타나고 있다. 그러나 아직 자립홈에 대한 인식부족과 연구는 거의 없다.

3) 장애인 주거에 관련된 국내 연구동향

국내 장애인 주거의 국내 연구동향을 파악하기 위하여 국내의 주요 전자데이터베이스인 RISS(한국학술정보원), DBPIA(누리미디어), KISS(한국학술정보), 학지사 뉴논문, 국회전자도서관 등을 통하여 검색이 가능한 문헌 중 한국연구재단(www.nrf.re.kr) 등재후보지 이상의 학술지에 게재된 논문만을 분석 대상으로 하여 조사하여 요약하였다. RISS(한국학술정보원) 사이트를 통하여 검색이 이루어졌다. 우선 본 연구자들은 논의를 통하여 '장애', '시설', '거주', '주거', '자립생활', '독립생활, '그룹홈' 등의 검색어를 선정하고, 이어서 이들 검색어를 활용하여 문헌 검색을 실시하여 2014년 3월 기준으로 하여 선정된 논문을 요약하였다. 이제까지 게재된 논문들은 부록 1에 제시하였다.

(1) 국내 연구 분석 결론 및 함의

장애인 공동생활가정은 30년 남짓한 짧은 역사 속에서 그 수가 폭발적으로 증가하였지만, 양적인 팽창의 속도에 비해 그에 대한 학계의 관심은 떨어져 관련 연구의 숫자는 매우 적은 수준이다. 지금까지 진행되어온 장애인 공동생활가정과 관련된 연구는 크게 장애인 공동생활가정의 필요성, 장애인 공동생활가장 삶의 질 및 효과, 실태조사를 통한 활성화 방안에 관한 것으로 나눌 수 있다.

첫째, 발달장애인 주거 시설의 역사는 30년 남짓한 짧은 역사 속에서 그 수가 폭발적으로 증가하였지만, 1997년 이후로 산발적으로 연구가 이루어지다가 주로 최근 5년 동안에서야 연구들이 이루어졌다. 이러한 점으로 미루어볼 때, 장애인 주거시설의 양적 팽창의 속도에 비해 학계의 관심은 부족한 편이었다는 점을 확인해 볼 수 있었다. 이는 장애인의 자립생활과 관련된 논의가 초기 신체장애를 중심으로 진행되다가 최근에 들어와 인지적 장애를 가지고 있는 발달장애인의 자립과 선택이라는 자기결정권에 대한 관심과 무관하지 않을 것이다. Beadle-Brown, Mansell과 Kozma(2007)은 성인발달장애인의 탈시설화가 단순한 거주지의 이전이 아닌 자기 정체성과 복지서비스에 대한 효율적인 접근이 가능한 장애인의 선택과 지역사회 통합이 가능한 생활 상태라고 제시하였다. 우리나라의 경우 발달장애인의 탈시설을 위한 제반 조건이 열악함에 따라 본격적인 논의와 연구가 한계가 있기 때문인 것으로 보인다(김성희 외, 2013 재인용).

둘째, 연구대상, 연구유형(연구기능, 연구방법)에 대한 분석 결과와 관련하여, 연구대상으로는 장애인과 주거 서비스 전문가를 대상으로 한 연구가, 연구기능으로는 기초연구가, 연구방법으로는 설문조사, 문헌고찰, 면담 등이 주로 이루어지고 있음을 확인할 수 있었다. 대상 지역의 측면에서도, 기존 연구들에서는 주로 수도권과 일부 광역시들을 대상으로 연구가 이루어져 온 반면 소도시 및 농어촌 지역을 대상으로 한 연구는 상대적으로 적었다. 특히 남연희(2006)는 지방이양 장애인복지사업으로 지방자치단체의 재정여건에 따라 지역재활시설의 지원이 결정되기 때문에 주거서비스의 운영이 지역불균형이 발생될 우려를 표명한 바 있다. 그러므로 일부 지역에 편중된 연구가 아니라 소도시 및 농어촌에 사는 발달장애인에 대한 관심이 보다 많이 필요하며, 이들을 대상으로 다양한 연구방법을 통하여 장애인 당사자의 의견을 반영할 수 있는 연구가 보다 많이 이루어져야 한다.

셋째, 학술지의 성격을 바탕으로 살펴보았을 때 그동안의 연구는 사회복지 분야에서의 주로 이루어졌으며 그 다음으로 특수교육분야에서 연구가 이루어졌다. 물론, 주거 관련 연구의 대상자들이 주로 성인 장애인이며, 장애인 복지법에서 장애성인들의 거주시설의 종류와 기능을 정의하고 있으므로, 장애인 복지 영역에서 주거에 대하여 보다 깊은 관심을 가지는 것은 당연한 것이라 볼 수 있다. 그러나 미국 장애인 교육법(Individuals with Disabilities Education Act)에서는 특수교육의 목적 중 하나는 "고등교육(further education), 고용(employment), 독립생활(independent living)"에 대한 준비라 지적하면서 성인 장애인들에 대한 특수교육에서의 역할 또한 명시하고 있다. 우리나라에서도 장애인 등에 대한 특수교육법 23조에서 직업 재활훈련 및 일상생활 적응훈련·사회적응 훈련 등의 자립생활 훈련 실시라는 조항을 통하여 간접적으로 장애인의 자립적인 삶에 대한 법적 근거를 마련하고 있으며, 2010년 개정 특수교육교육과정에서는 자립생활 교육에 대한 근거를 제시하면서 기본교육과정인 진로와 직업의 중학교 과정과 고등부 선택 과정에서는 발달장애학생들의 일상생활 및 지역사회생활에 다양한 경험을 통하여 지역사회 적응과 독립적인 생활기능을 기르도록 하고 있다. 이렇게 볼 때 성인장애인의 주거와 자립생활은 명백히 학교에서의 특수교육의 전환과 관련이 깊다고 볼 수 있으므로, 특수교육은 향후 보다 효율적인 발달장애인들의 독립적 주거가 이루어지도록, 발달장애학생들을 대상으로 한 독립기술 관련 교수 및 이러한 기술을 자연스럽게 성인기와 연결하는 방법을 모색하여야 한다.

넷째, 장애인 시설과 그룹홈에 관련된 연구는 1990년대 후반부터 꾸준히 이루어졌으나, 자립홈과 재가 장애인에 관련된 연구는 2000년대 중반에 들어서야 비로소 실시되었다는 것을 확인할 수 있었다. 국내 연구에서는 장애인 전체를 대상으로 한 자립생활 연구는 있으나 발달장애인에 대한 자립생활을 다룬 연구는 많이 논의되고 있지는 않다. 발달장애는 중증의 만성적인 장애이고 장기적인 다양한 서비스가 지속적으로 필요하기 때문에 발달장애인의 자립생활이 그만큼 쉽지 않기 때문일 수 있다. 자립홈이나 원가정에서 직접 서비스를 받는 것은 우리나라 장애인 주거 역사에 있어 비교적 새로운 개념이라 할 수 있다. 이러한 가치는 장애의 종류와 정도에 상관없이 보장받아야 될 권리이며 지역사회복귀라는 시민적 권리이기도 하다(박진영, 2011). 장애인의 사회통합을 목적으로 하는 지역사회중심의 거주 형태는 원 가정(natural home), 양부모가정(adoptive family), 양육가정(foster homes), 그룹홈, 관리되는 아파트(supervised apartment), 지원주거형태(supportive living arrangements) 등으로 구분할 수 있는데(Kim & Dymond, 2012), 그러나 현재 우리나라에서 운영되고 있는 장애인 거주시설에 대한 연구는 이와 같이 다양하게 세분화되지 못한 상태이므로 선택의 폭도 좁은 편이라 할 수 있다.

다섯째, 지금까지 진행되어온 주거 관련 연구의 주제는 크게 탈시설에 대한 필요성 및 공동생활가정의 장점 및 효과에 관한 연구가 다수를 차지하고 있으며, 대상에 있어서는 장애인 당사자, 거주 서비스 전문가들의 인식 및 요구분석이 그 다음을 차지하고 있었다. 90년대에 들어서 전국적으로 장애인 공동생활가정이 증가하자 장애인공동생활의 효과성을 밝히는 연구가 다수 진행되었다. 서현정(1993)은 청년기의 지적장애인을 두 집단—그룹홈 거주와 시설 거주—으로 나누어 각각의 적응행동을 비교하는 연구를 진행한 결과 그룹홈에 거주하는 지적장애인들의 적응행동 수준(독립기능 · 언어발달 · 수와시간 · 자기관리)이 시설거주 장애인에 비하여 더 높다는 결론을 내렸다. 이외에도 공동생활 가정의 삶의 질을 주제로 한 연구(예. 강석동, 1993; 김윤희, 1999)의 발달장애인의 가정 내 적응, 직장 및 사회적응력을 높이는데 공동생활가정이 매우 효과적이었다는 연구 등은 장애인 공동생활가정이 적응행동 및 삶의 질 그리고 자립생활 기술의 향상을 돕는 역할을 하여 장애인의 사회통합에 긍정적인 영향을 미치는 주거서비스라는 사실을 밝혔다.

그동안 실제 지속적인 탈시설에 대한 요구와 효과가 이러한 연구들에 의하여 입증되었고 실제 많은 시설들이 소규모화되면서 그룹홈 활성화에 기여한 것이 현실이다. 그러나 전문인력 역량 개발을 위한 연구라던가 발달장애인들이 시설에서 벗어나 좀 더 독립적인 공동생활가정이나 자립홈에 살기 위하여 구체적으로 이들에게 어떠한 독립기술이 요구되는지를 다루고 있는 연구들은 그 범위 자체가 특정기술을 중심으로 이루어지고 그 수도 제한적으로 이루어져 있다. 따라서 앞으로의 연구에서는 주제를 보다 확장하여 연구를 수행함으로써 장애인 주거에 대하여 보다 다양한 측면에서 함의를 제공해 줄 필요가 있다.

(2) 국내 연구의 제한점

현재까지 우리나라에서의 장애인 공동생활가정에 관한 연구는 장애인 공동생활가정의 필요성, 삶의 질 및 효과, 실태조사를 통한 활성화 방안으로 좁은 범위로 제한되어 있다. 그러나 이외에도 현장에서는 다양한 방향으로의 연구를 필요로 하고 있다. 예를 들어, 장애인 당사자로서 7~13년차의 장기 공동생활가정 거주자들은 이제는 교육과 훈련의 차원을 넘어 지역사회에 기초한 주거로서의 공동생활가정을 원하고 있고 보호자 역시 주중보호기능이 아닌 공동생활가정의 주말 거주 기능을 활성화시킬 수 있는 요구가 지속되고 있다(신현철, 2008). 그러나 공동생활가정의 현재 문제점으로 지적되고 있는 공동생활가정에 대한 거주시설로서 법적 근거 확보에도 불구하고 여전히 일시적인 보호와 훈련을 담당하는 기능으로 제한되어 운영되고 있는 한계점, 방해요인이 무엇인지에 대한 조사와 이에 대한 방안에 대한 조사는 전무하다.

또한 지적장애인에 대한 점차적인 주거 서비스의 변화를 인식하고, 공동생활가정에서 다른 장애인들과 공동으로 주거훈련을 마치고 지속적으로 그리고 더 많은 자립생활을 희망하는 지적장애인에게 자립적인 주거를 할 수 있는 자립홈이 개발되었음에도 불구하고 기존의 공동생활가정에서 사는 장애인들과 자립홈에 살고 있는 장애인들의 역량과 관련된 연구는 전무하다. 미국에서는 2012년 Kim이 성공적으로 지역사회에 살고 있는 중도지적장애인들이 가지고 있는 필수 기술과 필요한 지원의 정도를 거주형태에 따라 미국 전역에 걸쳐 조사한 바 있다(Kim, Dymond, 2012). 우리나라에서도 자립홈이 바람직한 거주형태로 제안되어 있는 만큼 궁극적인 지역사회 통합을 위하여 이곳에 거주하고 있는 장애인과 일반적인 장애인 공동생활가정에 거주하는 장애인들에 대한 역량 및 지원에 대한 조사가 필요하다.

마지막으로 장애인 가족의 주거 요구에 대한 직접적 연구는 매우 제한적이었다. 장애자녀를 둔 가족은 내적정서문제와 외적정서문제를 가지게 되고 일반적인 생활의 기능과 사회적 생활에 대한 문제 해결을 위하여 다양한 분야에서 가족 지원서비스가 필요함은 여러 선행연구에서 지속적으로 지적해왔다(김경열, 2012; 배내윤, 2007). 특히 집에서 성인 발달장애인을 돌보는 가족들은 부모 스스로가 노년기에 들어 의존과 부양을 필요로 하는 시기이지만, 오히려 장애자녀를 돌보아야 하는 양육부담을 갖게 되는 문제점이 발생할 수 있다. 최근 들어 장애인의 삶의 질 개선에 있어서 가족의 요구에 초점을 맞춘 가족 지향적 접근이 인식되기 시작하였고 가족은 장애인이 제공받는 서비스의 중요한 의사결정자로 강조되고 있다(박지연, 2012). 따라서 장애인의 삶의 질 개선에 있어서 장애인 가족의 요구와 지원에 대한 중요성은 더 이상 간과할 수 없는 문제가 되었다. 장애인의 성인기 삶의 변화에 대한 적응과 지원에 대한 가족들의 요구를 반영한 개별 장애인 서비스가 제공되기를 기대한다.

Ⅲ. 연구방법 및 절차

Ⅲ. 연구방법 및 절차

1) 연구 참여자의 구성

참여자는 수도권과 전국광역시에서 발달장애 및 지적장애인을 위해 일하는 거주 서비스 전문가로 공동생활가정과 자립홈 서비스 종사자들을 대상으로 하였다. 공동생활가정에는 종사자(사회재활교사)들이 상주하여 입주하고 있으면서 장애인들을 지도·감독하고 있는데, 공동생활가정에서 일하는 서비스종사자들은 장애인들에게 직접서비스를 제공하고 있기 때문에 장애인들의 삶에 있어서 이들의 영향력은 매우 크다고 할 수 있다(Tzeng, 2004). 또한, 본 설문지는 적어도 중등교육 수준의 문항 이해와 읽고 쓰기능력을 필요로 하기 때문에 질문을 이해하기 어려울 수 있는 지적장애인들에게 설문을 하는 것 보다 타당한 자료를 얻을 수 있다는 판단하에 연구 참여자를 거주 서비스 종사자로 제한하였다.

표본을 추출하기 위해 층화무작위 표본추출방법을 사용하여 모집단을 지역별로 층을 나누고 표본이 전체를 대표하도록 하였다. 공동생활가정 숫자에 맞추어 수도권 및 광역시 지역 전체 486개 중(〈표

3-1〉 참고) 40%(194개)를 무작위 단순비례층화방법(random proportional stratified sampling procedure)으로 추출하였다. 무작위로 추출할 때는 무작위 숫자 생성기(Random Number Generator: http://www.randomizer.org/form.htm)를 이용하여, 각 지역별로 숫자를 부여받고, 숫자에 해당하는 주거 서비스 기관을 추출하였다. 각 해당되는 곳에 전화를 걸어 설문에 응답을 요청하고 만일 설문 협조가 되지 않는다면 해당 시의 다른 기관을 선정하여 전화한 후 설문지를 보내었다.

〈표 3-1〉 전국 장애인 공동생활가정의 수(2013년 기준)

지역	장애인 공동생활가정 수	예상 선정표본수
서울	183	73
경기도	137	55
인천	40	16
대전	30	12
광주	21	8
울산광역시	10	4
세종특별자치시	0	0
부산	39	16
대구	26	12
수도권・광역시 총계	486	194
강원도	27	-
충청북도	28	-
충청남도	18	-
전라북도	20	-
전라남도	10	-
경상북도	19	-
경상남도	49	-
제주	12	-
총계	669	

2) 문항구성 및 신뢰도 분석

인구사회학적 특성을 묻는 문항은 총 12개였으며, 공동생활가정 담당자가 생각하는 발달장애인의 그룹홈 이용에 대한 일반적인 문항은 9개, 지역사회 내 자원이용정도는 23개, 가정생활 및 안전생활 관련 기술의 독립생활정도는 41개, 자기결정기술의 중요도는 35개의 문항이었다. 이 중 리커트 척도를 쓰는 지역사회 내 자원이용정도, 가정생활 및 안전생활 관련 기술의 독립생활정도, 자기결정기술의 중요도의 신뢰도를 분석한 결과 전체 99개의 문항에 대한 내적합치도는 Cronbach α=.964로 매우 높았으며, 지역사회 내 자원이용정도 Cronbach α=.859, 가정생활 및 안전생활 관련 기술의 독립생활정도 Cronbach α=.963, 자기결정기술의 중요도 Cronbach α=.972로 매우 높은 신뢰도를 보였다. 연구의 목적으로 최소로 요구하는 신뢰도는 .70이기 때문에 본 설문은 신뢰도 요구의 최소 수준 이상을 만족시켰다고 할 수 있다(Nunnally, 1978).

〈표 3-2〉 설문지 구성내용 및 신뢰도

구분	항목	문항수	내적합치도 (Cronbach α)
인구사회학적 특성	응답자의 일반적 사항(성별, 자격증, 현 기관 근무연수, 현기관 공동생활가정형태 등)이용자의 일반적인 사항(그룹홈 이용자 수, 연령, 장애정도, 제공받는 프로그램 등)	12	
그룹홈 이용	발달장애인 그룹홈 이용과 관련된 인식	9	
지역사회 내 자원 이용빈도	식당, 가게/상점, 서비스업체, 기타	23	α=.859
가정생활 및 안전생활 관련 기술의 독립생활정도	몸차림 및 개인위생관리, 식사 중 행동, 식사 준비, 식사 후 정리, 의복 관리 및 사용, 집 관리, 건강 및 안전생활	41	α=.963
자기결정기술의 중요도	선택기수, 자기인식, 자기관리	35	α=.972

3) 연구 참여자 특성

다음 〈표 3-3〉은 연구 참여자의 특성을 제시하였다. 연구에 참여한 공동생활 담당자는 총 162명이었으며 그중 80.9%가 여성이었으며, 연령으로는 40대가 23.0%로 가장 많았고, 30대가 24.1%였으며 50대가 22.8%로 그 다음을 차지하였다. 대부분(98.1%)이 사회복지사 자격증을 가지고 있었으며, 주 자격증을 사회복지사와 더불어 추가로 간호사 자격증을 가진 사람 2명, 보육사자격증을 가진 사람 1명, 기타 11명(치료레크리에이션, 간호조무사, 요양보호사, 심리상담사, 성폭력 상담사, 2급 정교사 등)이 있었다.

현 기관에 근무한 연수는 과반수(55.2%) 이상이 2년 미만이라고 응답하였으며, 3년 이상~4년 미만은 16.4%, 2년 이상~3년 미만은 14.5%였다. 장애인 지도 경험연수는 5년 이상~10년 미만이 26.5%로 가장 높고, 10년 이상이 19.1%로 그 다음을 차지하였으며, 3년 이상~4년 미만이 13.5%였다. 공동생활가정 형태는 주거형이 84.9%로 대다수였으며, 훈련형이 11.3%였다. 현 공동생활에 주거하는 이용자 총 수는 4명이 67.7%로 가장 많았고, 3명이 12.4%였다.

〈표 3-3〉 연구 참여자 특성

배경변인	집단	빈도(명)	백분율(%)
성별	남성	31	19.1
	여성	130	80.9
연령	20대	27	16.7
	30대	39	24.1
	40대	55	34.0
	50대	37	22.8
	60대	4	2.5
주 자격증	사회복지사	159	98.1
	간호사	1	.6
	특수교사	2	1.2
현 기관 근무 연수	2년 미만	84	55.2
	2년 이상~3년 미만	22	14.5
	3년 이상~4년 미만	25	16.4
	4년 이상~5년 미만	20	13.2
	5년 이상~10년 미만	1	.7
장애인 지도 경험 연수	2년 미만	28	17.3
	2년 이상~3년 미만	16	10.3
	3년 이상~4년 미만	21	13.5
	4년 이상~5년 미만	19	12.3
	5년 이상~10년 미만	41	26.5
	10년 이상	31	19.1
공동생활가정형태	거주형 공동생활가정	135	84.9
	훈련형 공동생활가정	18	11.3
	순회지도형 공동생활가정	4	2.5
	기타	2	1.3
현 공동생활가정 총 이용자 수	2명	5	3.1
	3명	20	12.4
	4명	109	67.7
	5명	15	9.3
	6명	5	3.1
	8명	4	2.5
	9명	3	1.9
지역	서울·경기도·인천	120	74.5
	대전	6	3.7
	광주	8	5.0
	울산	4	2.5
	부산	11	6.8
	대구	12	7.4

4) 공동생활가정(그룹홈) 및 이용자들의 특성

조사대상이 된 발달장애인의 인구학적 특성을 성별, 연령, 장애정도, 취업가능성 등으로 구분하여 살펴보면 〈표 3-4〉와 같다. 공동생활가정(그룹홈)을 이용하는 발달장애인들 중 남성이 59.8%, 여성이 40.2%였으며 연령은 주로 20대(37.61%), 30대(33.58%)였고 40대, 50대, 60대도 각각 18.81%, 6.87%, 2.54%였다.

공동생활가정 이용자의 장애정도는 77.2%가 일부 도움으로 일상생활이 가능한 자였으며, 도움 없이는 일상생활이 전혀 가능하지 않은 중도장애인은 14.2%만 해당되었다. 이용자들의 80% 이상이 신변자립 및 일상생활훈련, 사회적응훈련을 받고 있었고, 취미활동지원은 7.6%, 직업재활훈련을 받고 있는 이용자는 50%였다. 훈련프로그램 이외에 기타문항으로 안전교육, 성교육, 정서안정지원, 연애상담, 기초문해 및 수학 등 교육, 각종 치료(심리치료, 정서안정 및 인지행동 수정, 미술 음악 심리치료), 헬스 등이 있었다.

그룹홈의 위치는 대중교통과 5~10분 거리에 위치한 것이 절반 가까이(49.4%)였고, 5분 미만이 34.4%였으며, 도보로 30분 이상에 위치한 곳은 1곳에 불과하였다. 이용자들은 주된 교통수단으로 지하철을 이용하거나(38.9%), 기관의 자동차나 버스(30.2%), 혹은 일반대중버스(28.2%)를 이용하였다.

〈표 3-4〉 공동생활가정(그룹홈) 이용자들의 특성

배경변인	집단	빈도(명)	백분율(%)
성별	남성	401	59.8
	여성	270	40.2
연령	10대	4	0.60
	20대	252	37.61
	30대	225	33.58
	40대	126	18.81
	50대	46	6.87
	60대	17	2.54
이용자의 장애정도 (중복표시가능)	도움이 없이는 일상생활이 전혀 불가능한 자	23	14.2
	대부분 도움으로 일상생활이 가능한 자	69	42.6
	일부 도움으로 일상생활이 가능한 자	125	77.2
	도움이 없이 일상생활이 독립적으로 가능한 자	42	25.9
이용자가 현재 받고 있는 훈련프로그램 (중복표시가능)	신변자립 및 일상생활훈련	141	87.0
	사회적응훈련	144	88.9
	직업재활훈련	81	50.0
	취미활동지원	116	71.6
취업가능여부 (중복표시가능)	훈련이나 교육을 통하여 중단기 시간 내 일반고용이 가능한 자	68	42.0
	시간적 여유를 가지고 집중 훈련을 실시하거나 보호고용을 통해서라도 취업이 가능한 자	96	59.3
	취업여부 및 가능성이 전혀 없음	74	45.7
그룹홈과 대중교통수단과의 거리	도보로 5분 미만	55	34.4
	도보로 5분~10분	79	49.4
	도보로 10분~20분	22	13.8
	도보로 20분~30분	3	1.9
	도보로 30분 이상	1	.6
주된 교통수단	지하철	58	38.9
	기관자동차/버스	45	30.2
	일반대중버스	42	28.2
	자전거	1	.7

5) 연구도구

본 연구에 사용된 설문지는 1987년 Aveno가 계발한 지역사회 기술 능력(the national community skills competencies survey)을 바탕으로, 중도장애인을 위한 기능적 교육과정 및 문헌들(김진호, 김영준, 2012; Brolin, 1997; Ford et al., 1989; Giangreco, Cloniger, & Iverson, 1998; Renzaglia & Aveno, 1987; Wilcox & Bellamy, 1987)을 첨가하여 김라경(Kim, 2012)이 개발한 자립생활 기술 설문(Independent Living Skills Survey)에 장애인 공동생활가정(그룹홈)이 주거로서의 역할을 못하게 방해하는 요인 및 지원문항을 첨가하고 한국 문헌분석 문항들을 고려하여 제작하였다.

개발한 설문지는 총 6개의 파트로 구성되어 있는데 (1) 주거서비스 전문가들에 대한 인적사항, (2) 공동생활가정 이용자들의 일반적인 사항, (3) 공동생활가정 이용자 입주와 주거환경에 대한 의견(기능감소, 장애정도, 취업가능성, 지원정도, 교통수단), (4) 장애인이 현재 주거지에서 퇴소당하는 이유, (5) 필수 지역사회의 활동, (6) 필수 자조생활기술 및 안전기술, (7) 필수자기결정기술, (8) 공동생활가정 필요에 대한 지원 주거서비스 전문가의 인적사항까지 총 79개의 문항으로 구성되어 있다.

6) 자료수집 방법 및 절차

본 연구의 자료수집은 설문을 통해 성인 발달장애인에게 주거 관련 서비스를 제공하는 공동생활가정 담당자를 대상으로 실시하였다. 연구대상자 표집방법으로 첫째, 2014년에 열람이 가능하였던 「2013

장애인 복지시설 일람표」를 통하여 수도권 전체 정원 5인 미만을 담당하고 있는 소규모 발달장애인 공동생활가정의 주소를 추출하였다. 둘째, 표본을 추출한 후 비례층화무작위 표본추출방법을 사용하고 모집단을 지역별로 층을 나누고 표본이 전체를 대표하도록 하였다. 그룹홈 숫자에 맞추어 수도권 및 광역시 지역 전체 486개 중 40%(194개)를 무작위 숫자 생성기(Random Number Generator: http://www.randomizer.org/form.htm)를 이용하여, 공동생활가정을 선정하고 전화를 통하여 연구목적을 설명하고 담당자 주소를 확인한다. 담당자의 편의에 따라 설문을 이메일로 보내거나 팩스나 우편으로 보냈다. 담당자에게 응답을 하는 방법에 선택권을 주는 것은 응답률을 높일 수 있다(Kim, 2010). 설문 패키지 안에는 (1) 연구목적을 기술하고 연구 참여를 독려하는 편지, (2) 연구 참여 동의서 및 설문지, (3) 우표가 붙여진 편지봉투를 넣었다. 설문이 이메일, 서면 혹은 팩스로 2주 안에 도착하지 않으면, 전화나 이메일을 통하여 참여를 독려하였다. 설문지를 유실한 참여자는 두 번째 설문지를 보냈다. 최종 설문지를 보낸 후 2주가 지나면 설문조사를 마감하였다.

7) 자료 처리 및 분석

완성된 설문지는 SPSS. 18 통계 조사 프로그램을 사용하여 분석하였다. 데이터 입력의 정확도를 위하여 수합된 설문지 중 무작위로 20%를 추출하여 대학원생에게 입력하도록 함으로써 데이터 입력의 정확도를 파악하였다.

기초통계 분석(평균, 분산, 빈도)을 사용하여 방해요인, 필요한 지원, 필수 역량에 관련된 전체적인 응답경향을 파악하였다. 장애인 공동생활가정(그룹홈)이 주거로서의 역할을 못하게 방해하는 요인과 장애인 공동생활가정(그룹홈)이 주거로서의 역할을 하기 위하여 필요한 지원을 파악하기 위하여 빈도분석을 실시하였다. 성공적으로 공동생활가정(그룹홈)에 살고 있는 지적장애인의 필수 역량은 무엇인가? 성공적으로 공동생활가정(그룹홈)에 살고 있는 지적장애인의 궁극적 독립생활을 위하여 앞으로 의 필요한 지원은 무엇인가?를 대답하기 위하여 빈도분석을 하였다.

〈표 3-5〉 연구문제에 따른 자료처리 분석방법

<table>
<tr><th>연구문제</th><th>자료 처리
분석 방법</th><th>타당도
신뢰도 검증</th></tr>
<tr><td>1. 성공적으로 공동생활가정(그룹홈)에 살고 있는 발달장애인의 필수 역량은 무엇인가? (Likert scale 1~4)</td><td>기술통계</td><td rowspan="5">1. 전문가 내용타당도
2. Cronbach α
3. 감사자료 남기기</td></tr>
<tr><td>2. 장애인 공동생활가정(그룹홈) 이용자들이 중도에 퇴소를 권유받거나 스스로 결정하는 주된 이유는 무엇인가?</td><td>기술통계</td></tr>
<tr><td>3. 장애인 공동생활가정(그룹홈)이 주거로서의 역할을 하기 위하여 필요한 지원은 무엇인가?</td><td>기술통계</td></tr>
<tr><td>4. 장애인 공동생활가정(그룹홈)이 주거로서의 역할을 못하게 방해하는 요인은 무엇인가?</td><td>기술통계</td></tr>
<tr><td>5. 성공적으로 공동생활가정(그룹홈)에 살고 있는 발달장애인의 궁극적 독립생활을 위하여 앞으로 필요한 지원은 무엇인가?</td><td>기술통계</td></tr>
</table>

Ⅳ. 연구결과

Ⅳ. 연구결과

1) 담당자들의 이용자 및 그룹홈 운영에 대한 일반적인 견해

발달장애인과 그룹홈 운영에 대한 그룹홈 종사자들의 일반적인 견해를 묻는 문항으로 발달장애인의 노화로 인해 기능이 급격히 감소한다고 생각하는 시기가 40대라고 대답한 사람은 57.2%, 30대라고 대답한 사람은 22.0%였다. 이들이 생각하는 공동생활가정에 입주해도 괜찮다고 여기는 장애인들의 바람직한 장애정도는 일부 도움으로 일상생활이 가능한 자(83.8%)였으며, 도움이 없이 일상생활이 독립적으로 가능한 자가 8.8%, 도움이 없이는 일상생활이 전혀 불가능한 자라고 대답한 사람은 1명에 불구하였다. 이용자의 취업가능성을 어느 정도 반영하느냐에 관해서는 훈련이나 교육을 통하여 중단기 시간 내 일반고용이 가능한 자나 시간적 여유를 가지고 집중 훈련을 실시하거나 보호고용을 통해서라도 취업이 가능한 자라고 대답한 사람이 각각 73.4%와 22.1%로 취업가능성과 독립적 일상생활이 어느 정도 가능한 사람의 입주를 선호하는 것으로 나타났다.

현재 근무하는 그룹홈 이용자들이 반드시 필요로 하다고 생각하는 평균적인 재택 서비스 지원 시간(개인위생과 가정생활, 자기인식, 자기관리를 모두 포함)은 주당 20시간 이상~40시간 미만이 45.1%로 가장 높게 나타났으나 현재 근무하는 그룹홈 이용자들에게 실질적으로 지원하는 재택 서비스 지원 시간(개인위생과 가정생활, 자기인식, 자기관리를 모두 포함)은 그보다 높은 주당 40시간 이상으로 43.2%가 이에 해당되었다. 이는 종사자들 입장에서는 반드시 필요한 이상으로 그룹홈 이용자들에게 시간적 지원이 이루어지고 있다고 생각한 경향을 보여준다.

〈표 4-1〉 담당자들의 그룹홈 이용자와 운영에 대한 일반적 견해

집단		빈도(명)	백분율(%)
장애인의 노화시기	30대	35	22.0
	40대	91	57.2
	50대	27	17.0
	60대	6	3.8
바람직한 입주 장애정도	도움이 없이는 일상생활이 전혀 불가능한 자	1	.7
	대부분의 도움으로 일상생활이 가능한 자	10	6.8
	일부 도움으로 일상생활이 가능한 자	124	83.8
	도움이 없이 일상생활이 독립적으로 가능한 자	13	8.8
취업가능성 여부반영정도	훈련이나 교육을 통하여 중단기 시간 내 일반고용이 가능한 자	34	22.1
	시간적 여유를 가지고 집중 훈련을 실시하거나 보호고용을 통해서라도 취업이 가능한 자	113	73.4
	취업여부 및 가능성이 전혀 없음	7	4.5
필요 재택지원시간	매일 24시간(주당 7일 모두)	20	12.3
	주당 40시간 이상	53	32.7
	주당 20시간 이상~40시간 미만	73	45.1
	주당 20시간 미만	16	9.9
실제 재택지원시간	매일 24시간(주당 7일 모두)	31	19.1
	주당 40시간 이상	70	43.2
	주당 20시간 이상~40시간 미만	49	30.2
	주당 20시간 미만	12	7.4

2) 발달장애인들의 지역사회 이용정도

발달장애인들의 지역사회 이용정도는 '1=매우 자주 이용한다(주 1회)', '2=자주 이용한다(2주 1회)', '3=가끔 이용한다(월 1회)', '4=거의 이용하지 않는다(1년 1~3회)', '5=전혀 이용하지 않는다'로 1~5 리커

〈표 4-2〉 장애인들의 지역사회 이용정도

지역사회 장소		평균	표준편차
식당	1. 앉아서 먹는 식당(주문을 받는 곳)	2.57	.767
	2. 패스트푸드점(맥도날드, 롯데리아, KFC 등 직접 주문을 하는 곳)	3.30	.817
	3. 술집	4.70	.542
	4. 커피숍	3.48	.892
	5. 배달음식(중국집 등)	3.23	.720
가게/상점	1. 편의점	2.60	1.219
	2. 마트/시장	1.90	.935
	3. 백화점	3.95	.895
	4. 의류가게(옷/신발)	3.60	.849
	5. 화장품	3.82	.701
서비스업체	1. 세탁소/빨래방	3.98	.985
	2. 우체국	4.10	.888
	3. 은행	3.16	1.111
	4. 이발소/미용실	3.27	.819
	5. 의료서비스(병원, 치과, 보건소 등)	3.03	.883
	6. 약국	3.06	.857
	7. 복지관	2.77	1.506
	8. 극장/영화관람	3.10	.711
기타	1. 종교기관(성당, 교회, 절 등)	1.88	1.436
	2. 봉사기관(자원봉사를 함)	4.10	1.179
	3. 공원	2.41	1.097
	4. 노래방	3.54	.885
	5. 체육센터	3.03	1.494

트 척도(likert scale)로 구성되었다.

가게 중 마트, 기타기관 중 종교기관(성당, 교회, 절 등)을 2주에 1회 정도로 높은 빈도로 이용하고 있었다. 식당 중 앉아서 먹는 식당(주문을 받는 곳), 가게 중 편의점, 기타 장소 중 공원을 2주 1회에서 월 1회 사이로 이용하였으며, 술집, 우체국, 자원봉사 기관은 거의 이용하지 않거나 전혀 이용하지 않았다.

3) 가정생활 및 안전생활 관련 기술의 독립적 수행정도

발달장애인들의 가정생활 및 안전생활 관련 기술의 독립적 수행정도는 '1=모든 단계에서 독립적으로 수행해야 한다', '2=대부분 단계에서 독립적으로 수행해야 한다', '3=일부 단계는 독립적으로 참여해야 한다', '4=모든 단계에서 도움이 필요해도 된다'의 1~4 리커트 척도(likert scale)로 구성되었다.

가정생활 및 안전생활 관련 기술 중 '대부분 단계에서 독립적으로 수행해야 한다' 이상으로 독립성을 높게 요구하는 기술(2점 이하)들은 몸차림 및 개인위생관리 기술 전체와 식사 중 행동이었다. 전체 문항 중 집 관리에서 관리비/집세 내기(M=3.15)와 집 보수 및 수리 요청하기(M=3.18)는 '일부 단계는 독립적으로 참여해야 한다'에서 '모든 단계에서 도움이 필요해야 한다' 사이에 가장 낮은 독립성을 요구하였다.

〈표 4-3〉 가정생활 및 안전생활 관련 기술의 독립적 수행정도

가정생활 및 안전생활 관련 기술		평균	표준편차
몸차림 및 개인위생관리	1. 용변기 사용	1.69	.708
	2. 세수하기/닦기	1.67	.720
	3. 손 씻기/닦기	1.64	.720
	4. 양치질	1.75	.750
	5. 목욕/샤워	1.94	.792
	6. 머리 빗질/머리정돈	1.98	.782
	7. 외관관리(예. 면도, 콧물 닦기)	1.99	.771
	8. 생리관리	1.94	.803
식사 중 행동	1. 올바로 마시기(예. 흘리지 않기)	1.88	.741
	2. 올바로 먹기(예. 꼭꼭 씹기)	1.90	.720
	3. 수저사용	1.75	.711
식사 준비	1. 메뉴 계획하기	2.90	.737
	2. 식사 준비(밥, 국, 반찬)	2.81	.734
	3. 조리기기/도구 활용(예. 전기밥솥 활용)	2.75	.770
	4. 식탁 차리기	2.43	.813
	5. 음식 내어오기	2.44	.847
식사 후 정리	1. 설거지하기	2.31	.839
	2. 식기건조 후 정리	2.55	.796
	3. 남은 음식 보관	2.61	.830
의복 관리 및 사용	1. 세탁기 사용하기	2.42	.843
	2. 빨래 건조시키기	2.29	.879
	3. 옷장/서랍에 옷 정리	2.30	.788
	4. 옷 입기/옷 벗기	1.85	.823
	5. 적절한 옷 선택하기	2.36	.799
집 관리	1. 쓰레기 버리기	2.22	.852
	2. 재활용 분리하기	2.45	.867
	3. 진공청소기 사용하기	2.28	.812
	4. 비질/걸레질	2.31	.850
	5. 자신이 사용하는 방관리	2.26	.796
	6. 공동생활 구역 관리(화장실, 거실 등)	2.67	2.628
	7. 관리비/집세 내기	3.15	.883
	8. 집 보수 및 수리하기(도움 요청하기)	3.18	.863
건강·안전생활	1. 자신의 약을 알고 관리하기	2.34	.819
	2. 기초적 응급처치 하기	2.78	.788
	3. 아프거나 다쳤을 때 타인에게 알리기	2.11	.860
	4. 비상사태 시 전화 사용하기(119 등)	2.28	.887
	5. 먹을 수 있는 것과 없는 것 구별하기	1.94	.845
	6. 안전하게 길 건너기	1.90	.838
	7. 안전하게 가전도구 사용하기	2.31	.858
	8. 안전하게 가스 안전밸브 사용	2.19	.919
	8. 문단속하기(예. 열쇠 사용)	2.18	.929
	9. 낯선 사람에 대한 적절한 경계	2.01	.878

4) 자기결정기술

자기결정기술은 크게 선택기술, 자기인식, 자기관리 능력으로 나뉘었고 문항은 1~5 리커트 척도로 '1=매우 중요하다', '2=조금 중요하다', '3=보통이다', '4=거의 중요하지 않다', '5=전혀 중요하지 않다'로 표기하도록 하였다.

전체적으로 자기결정기술의 모든 항목은 3점 이하로 모두 보통 이상으로 중요한 사이의 점수대에 분포하였다. 그중 ① 자기감정 이해하기 항목(자신이 언제 기분이 나빠지는지 말하기, 자신이 언제 슬픈 기분이 드는지 말하기, 자신이 언제 기분이 좋아지는지 말하기, 자신이 언제 화가 나는지 말하기), ② 거절하기 항목(자신이 하지 못하는 일에 대하여 거절의사 표현하기, 자신이 하고 싶지 않는 일에 대하여 거절 의사 표현하기), ③ 공격적 상황에 대한 대응 항목(타인이 나를 때리려고 할 때 자신을 보호하기 위한 행동 알기, 타인이 나에게 욕을 할 때 자신을 보호하기 위한 행동 알기), ④ 나에 대한 기본정보 알기 항목(집 전화번호 말하기, 집 주소 말하기, 부모님(보호자) 핸드폰번호 알기)의 모든 문항들은 모두 2점 이하로 응답자들이 중요하다고 여기고 있었다.

〈표 4-4〉 자기결정기술의 중요도

자기결정기술		평균	표준편차
선택기술	1. 자신이 좋아하는 메뉴를 선택하기(예. 음식, 간식)	1.75	.759
	2. 좋아하는 스타일 선택하기(예. 옷차림, 헤어스타일)	2.09	.856
	3. 타인을 위해 선물 선택(예. 생일 선물 고르기)	2.48	.876
나에 대한 기본정보 알기	1. 집 전화번호 말하기	1.46	.795
	2. 집 주소 말하기	1.72	.915
	3. 부모님(보호자) 핸드폰번호 알기	1.54	.839
	4. 자신의 생년월일 말하기	2.05	.985
	5. 자신의 장애유형과 등급 말하기	2.35	1.127
나의 장·단점 알기	1. 자신의 성격의 장점 알기	2.52	.924
	2. 자신의 성격의 단점 알기	2.54	.953
자기감정 이해하기	1. 자신이 언제 기분이 나빠지는지 말하기	1.78	.791
	2. 자신이 언제 슬픈 기분이 드는지 말하기	1.76	.781
	3. 자신이 언제 기분이 좋아지는지 말하기	1.81	.838
	4. 자신이 언제 화가 나는지 말하기	1.72	.773
주변인물 감정 이해하기	1. 가족(친구)이 언제 기분이 나빠지는지 알기	1.97	.837
	2. 가족(친구)이 언제 기분이 좋아지는지 알기	1.99	.852
자신의 미래 고민하기	1. 부모님이 돌아가시고 누구와 살지 말하기	2.13	.974
	2. 직업(진로)으로 하고 싶은 일이 무엇인지 말하기	1.95	.880
자기생각 말하기	1. 현재 이용하고 있는 기관에 대한 자기 생각 말하기	1.83	.755
	2. 새롭게 이용하고 싶은 기관/서비스에 대한 자기 생각 말하기	1.80	.762
거절하기	1. 자신이 하지 못하는 일에 대하여 거절 의사 표현하기	1.49	.657
	2. 자신이 하고 싶지 않는 일에 대하여 거절 의사 표현하기	1.48	.665
공격적 상황에 대한 대응	1. 타인이 나를 때리려고 할 때 자신을 보호하기 위한 행동 알기	1.35	.609
	2. 타인이 나에게 욕을 할 때 자신을 보호하기 위한 행동 알기	1.42	.656
금전관리	1. 은행구좌를 관리하기	2.24	.946
	2. 저축하기	2.14	.948
	3. 물건사기	1.80	.845
	4. 거스름돈 받기	1.70	.836
	5. 영수증 챙기기	2.01	1.016
시간관리	1. 시간표계획하기	2.37	.979
	2. 약속시간에 늦지 않기	1.96	.947
	3. 여가시간 활용하기	1.97	.839
교우관계	1. 전화를 사용하여 관계 유지하기	2.18	.841
	2. 친구나 동료를 초대하기	2.32	.867
	3. 친구나 동료 집에 놀러가기	2.36	.856

5) 그룹홈 생활에 필수 활동 및 기술

(1) 지역사회 필수 활동

그룹홈 종사자의 50% 이상이 총 23개의 지역사회 활동 중 17개에 대하여 그룹홈 생활에 있어 필수 활동이라고 생각하였다. 지역사회 활동 중 6개, 즉 술집, 백화점, 세탁소/빨래방, 우체국, 봉사기관, 노래방 이용은 그룹홈 종사자의 50% 미만이 필수 활동이라고 기입하였으며 술집은 10.9%만이 필수 활동이라고 응답하여 가장 낮은 비율을 나타내었다.

(2) 가정생활 및 안전생활 관련 필수 기술

그룹홈 종사자의 50% 이상이 총 41개의 가정생활 및 안전생활 관련 기술 중 2개(메뉴 계획하기, 집 보수 및 수리하기(도움 요청하기))를 제외한 39개에 대하여 그룹홈 생활에 있어 필수기술이라고 생각하였다. 41개의 문항 중 그룹홈 종사자의 90% 이상이 필수기술이라고 생각한 문항도 9개(용변기 사용, 세수하기/닦기, 손 씻기/닦기, 양치질, 목욕/샤워, 머리 빗질/머리정돈, 외관관리, 아프거나 다쳤을 때 타인에게 알리기, 먹을 수 있는 것과 없는 것 구별하기)나 되었다.

〈표 4-5〉 지역사회 필수 활동

지역사회 필수 활동		필수활동 여부	빈도(명)	퍼센트(%)
식당	1. 앉아서 먹는 식당(주문을 받는 곳)	필수아님	25	16.9
		필수	123	83.1
	2. 패스트푸드점(맥도날드, 롯데리아, KFC 등 직접 주문을 하는 곳)	필수아님	54	36.5
		필수	94	63.5
	3. 술집	필수아님	131	89.1
		필수	16	10.9
	4. 커피숍	필수아님	84	56.8
		필수	64	43.2
	5. 배달음식(중국집 등)	필수아님	52	35.1
		필수	96	64.9
가게/상점	1. 편의점	필수아님	51	34.5
		필수	97	65.5
	2. 마트/시장	필수아님	20	13.5
		필수	128	86.5
	3. 백화점	필수아님	100	67.6
		필수	48	32.4
	4. 의류가게(옷/신발)	필수아님	46	31.1
		필수	102	68.9
	5. 화장품	필수아님	72	48.6
		필수	76	51.4
서비스 업체	1. 세탁소/빨래방	필수아님	71	53.4
		필수	62	46.6
	2. 우체국	필수아님	78	52.7
		필수	70	47.3
	3. 은행	필수아님	39	26.4
		필수	109	73.6
	4. 이발소/미용실	필수아님	39	26.4
		필수	109	73.6
	5. 의료서비스(병원, 치과, 보건소 등)	필수아님	19	12.8
		필수	129	87.2
	6. 약국	필수아님	27	18.2
		필수	121	81.8
	7. 복지관	필수아님	71	48.0
		필수	77	52.0
	8. 극장/영화관람	필수아님	29	19.6
		필수	119	80.4
기타	1. 종교기관(성당, 교회, 절 등)	필수아님	59	39.9
		필수	89	60.1
	2. 봉사기관(자원봉사를 함)	필수아님	100	67.6
		필수	48	32.4
	3. 공원	필수아님	37	25.0
		필수	111	75.0
	4. 노래방	필수아님	76	51.4
		필수	72	48.6
	5. 체육센터	필수아님	69	46.6
		필수	79	53.4

〈표 4-6〉 가정생활 및 안전생활 관련 기술

가정생활 및 안전생활 관련 기술		필수기술여부	빈도(명)	퍼센트(%)
식사 후 정리	1. 설거지하기	필수아님	24	16.3
		필수	123	83.7
	2. 식기건조 후 정리	필수아님	50	34.0
		필수	97	66.0
	3. 남은 음식 보관	필수아님	45	30.6
		필수	102	69.4
의복 관리 및 사용	1. 세탁기 사용하기	필수아님	38	25.9
		필수	109	74.1
	2. 빨래 건조시키기	필수아님	38	25.9
		필수	109	74.1
	3. 옷장/서랍에 옷 정리	필수아님	24	16.3
		필수	123	83.7
	4. 옷 입기/옷 벗기	필수아님	14	9.5
		필수	133	90.5
	5. 적절한 옷 선택하기	필수아님	35	23.8
		필수	112	76.2
집 관리	1. 쓰레기 버리기	필수아님	25	17.0
		필수	122	83.0
	2. 재활용 분리하기	필수아님	37	25.2
		필수	110	74.8
	3. 진공청소기 사용하기	필수아님	35	23.8
		필수	112	76.2
	4. 비질/걸레질	필수아님	31	21.1
		필수	116	78.9
	5. 자신이 사용하는 방관리	필수아님	23	15.6
		필수	124	84.4
	6. 공동생활 구역 관리(화장실, 거실 등)	필수아님	36	24.5
		필수	111	75.5
	7. 관리비/집세 내기	필수아님	95	65.1
		필수	51	34.9
	8. 집 보수 및 수리하기(도움 요청하기)	필수아님	86	58.5
		필수	61	41.5
건강·안전생활	1. 자신의 약을 알고 관리하기	필수아님	35	23.8
		필수	112	76.2
	2. 기초적 응급처치 하기	필수아님	66	44.9
		필수	81	55.1
	3. 아프거나 다쳤을 때 타인에게 알리기	필수아님	13	8.8
		필수	134	91.2
	4. 비상사태 시 전화 사용하기(119 등)	필수아님	27	18.4
		필수	120	81.6
	5. 먹을 수 있는 것과 없는 것 구별하기	필수아님	14	9.5
		필수	133	90.5
	6. 안전하게 길 건너기	필수아님	18	12.2
		필수	129	87.8
	7. 안전하게 가전도구 사용하기	필수아님	29	19.7
		필수	118	80.3
	8. 안전하게 가스 안전밸브 사용	필수아님	30	20.4
		필수	117	79.6
	9. 문단속하기(예. 열쇠사용)	필수아님	33	22.4
		필수	114	77.6
	10. 낯선 사람에 대한 적절한 경계	필수아님	20	13.6
		필수	127	86.4

〈표 4-6〉 가정생활 및 안전생활 관련 기술(계속)

가정생활 및 안전생활 관련 기술		필수기술여부	빈도(명)	퍼센트(%)
몸차림 및 개인위생관리	1. 용변기 사용	필수아님	12	8.2
		필수	135	91.8
	2. 세수하기/닦기	필수아님	12	8.2
		필수	135	91.8
	3. 손 씻기/닦기	필수아님	13	8.8
		필수	134	91.2
	4. 양치질	필수아님	11	7.5
		필수	136	92.5
	5. 목욕/샤워	필수아님	11	7.5
		필수	136	92.5
	6. 머리 빗질/머리정돈	필수아님	19	13.0
		필수	127	87.0
	7. 외관관리(예. 면도, 콧물 닦기)	필수아님	14	9.5
		필수	133	90.5
	8. 생리관리	필수아님	28	19.2
		필수	118	80.8
식사 중 행동	1. 올바로 마시기(예. 흘리지 않기)	필수아님	20	13.6
		필수	127	86.4
	2. 올바로 먹기(예. 꼭꼭 씹기)	필수아님	20	13.6
		필수	127	86.4
	3. 수저사용	필수아님	18	12.2
		필수	129	87.8
식사 준비	1. 메뉴 계획하기	필수아님	76	51.7
		필수	71	48.3
	2. 식사 준비(밥, 국, 반찬)	필수아님	57	38.8
		필수	90	61.2
	3. 조리기기/도구 활용(예. 전기밥솥 활용)	필수아님	46	31.3
		필수	101	68.7
	4. 식탁 차리기	필수아님	28	19.0
		필수	119	81.0
	5. 음식 내어오기	필수아님	28	19.0
		필수	119	81.0

(3) 필수 자기결정기술

그룹홈 종사자의 50% 이상이 총 35개의 자기결정기술 중 1개의 문항(자신의 성격의 단점알기)을 제외한 모든 문항에 있어 자기결정 기술이 그룹홈 생활에 있어 필수기술이라고 생각하였다. 그러나 90% 이상이 동의하고 있는 그룹홈 생활에 필수 자기결정기술은 없었으나, 선택기술 중 자신이 좋아하는 메뉴를 선택하기, 나에 대한 기본정보 알기 중 집 전화번호 말하기와 부모님(보호자) 핸드폰번호 알기 그리고 자기감정 이해하기 중 자신이 언제 기분이 나빠지는지 말하기는 80% 이상의 그룹홈 종사자들이 필수기술이라 생각한 문항들이었다.

〈표 4-7〉 자기결정기술

자기결정기술		필수기술여부	빈도(명)	퍼센트(%)
선택기술	1. 자신이 좋아하는 메뉴를 선택하기(예. 음식, 간식)	필수아님	22	14.9
		필수	126	85.1
	2. 좋아하는 스타일 선택하기(예. 옷차림, 헤어스타일)	필수아님	47	31.8
		필수	101	68.2
	3. 타인을 위해 선물 선택(예. 생일 선물 고르기)	필수아님	71	48.0
		필수	77	52.0
나에 대한 기본정보 알기	1. 집 전화번호 말하기	필수아님	22	14.9
		필수	126	85.1
	2. 집 주소 말하기	필수아님	36	24.3
		필수	112	75.7
	3. 부모님(보호자) 핸드폰번호 알기	필수아님	22	14.9
		필수	126	85.1
	4. 자신의 생년월일 말하기	필수아님	48	32.4
		필수	100	67.6
	5. 자신의 장애유형과 등급 말하기	필수아님	69	46.9
		필수	78	53.1
나의 장·단점 알기	1. 자신의 성격의 장점 알기	필수아님	79	54.1
		필수	67	45.9
	2. 자신의 성격의 단점 알기	필수아님	87	59.2
		필수	60	40.8
자기감정 이해하기	1. 자신이 언제 기분이 나빠지는지 말하기	필수아님	23	15.5
		필수	125	84.5
	2. 자신이 언제 슬픈 기분이 드는지 말하기	필수아님	39	26.4
		필수	109	73.6
	3. 자신이 언제 기분이 좋아지는지 말하기	필수아님	34	23.0
		필수	114	77.0
	4. 자신이 언제 화가 나는지 말하기	필수아님	31	20.9
		필수	117	79.1
주변인물 감정 이해하기	1. 가족(친구)이 언제 기분이 나빠지는지 알기	필수아님	47	31.8
		필수	101	68.2
	2. 가족(친구)이 언제 기분이 좋아지는지 알기	필수아님	54	36.5
		필수	94	63.5
자신의 미래 고민하기	1. 부모님이 돌아가시고 누구와 살지 말하기	필수아님	68	45.9
		필수	80	54.1
	2. 직업(진로)으로 하고 싶은 일이 무엇인지 말하기	필수아님	48	32.4
		필수	100	67.6
자기생각 말하기	1. 현재 이용하고 있는 기관에 대한 자기 생각 말하기	필수아님	38	25.7
		필수	110	74.3
	2. 새롭게 이용하고 싶은 기관/서비스에 대한 자기 생각 말하기	필수아님	47	31.8
		필수	101	68.3

〈표 4-7〉 자기결정기술(계속)

자기결정기술		필수기술여부	빈도(명)	퍼센트(%)
거절하기	1. 자신이 하지 못하는 일에 대하여 거절의사 표현하기	필수아님	24	16.2
		필수	124	83.8
	2. 자신이 하고 싶지 않는 일에 대하여 거절 의사 표현하기	필수아님	20	13.5
		필수	128	86.5
공격적 상황에 대한 대응	1. 타인이 나를 때리려고 할 때 자신을 보호하기 위한 행동알기	필수아님	14	9.5
		필수	134	90.5
	2. 타인이 나에게 욕을 할 때 자신을 보호하기 위한 행동알기	필수아님	29	19.6
		필수	119	80.4
금전관리	1. 은행구좌를 관리하기	필수아님	72	48.6
		필수	76	51.4
	2. 저축하기	필수아님	65	43.9
		필수	83	56.1
	3. 물건사기영구주거	필수아님	21	14.2
		필수	127	85.8
	4. 거스름돈 받기	필수아님	26	17.6
		필수	122	82.4
	5. 영수증 챙기기	필수아님	47	31.8
		필수	101	68.2
시간관리	1. 시간표계획하기	필수아님	83	56.1
		필수	65	43.9
	2. 약속시간에 늦지 않기	필수아님	49	33.1
		필수	99	66.9
	3. 여가시간 활용하기	필수아님	40	27.0
		필수	108	73.0
교우관계	1. 전화를 사용하여 관계 유지하기	필수아님	52	35.1
		필수	96	64.9
	2. 친구나 동료를 초대하기	필수아님	65	43.9
		필수	83	56.1
	3. 친구나 동료 집에 놀러가기	필수아님	69	46.9
		필수	78	53.1

6) 그룹홈 이용자들이 중도에 퇴소하는 이유

그룹홈 이용자들이 중도에 퇴소하는(생활지도사로부터 퇴소를 권유받거나 스스로 퇴소를 결정하는) 주된 이유를 최대 3개까지 기술하도록 하였으며 결과는 〈표 4-8〉과 같다. 이용자들 혹은 교사와의 불화와 관계 문제/부적응(n=60)과 폭력, 폭언, 무단이탈과 같은 문제행동(n=45)이 각각 22.7%와 17.0%로 높은 비율을 차지하였다. 이를 이어 보호자/

본인의 결정, 이직이나 이사, 요양병원에서 진료, 치료를 받아야 하는 상황에 직면하는 것과 같은 건강상의 이유 등이 있었으며, 긍정적으로 8.7%는 자립으로 인하여 퇴소하는 경우가 있었다. 비율이 적기는 하지만 1.9%가 역으로 주거시설로 입소하는 경우를 기입하였다. 기타로 보호자 부재(사망)를 이유로 지적한 경우도 있었으나 이들이 시설로 가는지 가정으로 복귀하는지에 대한 자세한 사항은 기입하지 않았다.

〈표 4-8〉 중도퇴소 이유

중도퇴소 이유	빈도(명)	퍼센트(%)
1. 이용자들 혹은 교사와의 불화/관계문제/부적응	60	22.7
2. 문제행동(과잉행동, 폭력, 폭언, 무단이탈, 성문제)	50	18.9
3. 보호자/본인결정	25	9.5
4. 이직/이사/타기관 이동	24	9.1
5. 건강상 이유(입원)	23	8.7
6. 자립(결혼, 동거 포함)	22	8.3
7. 경제적 이유(수급권탈락/입주자 부담금)	21	8.0
8. 원가정 복귀	18	6.8
9. 독립성 제한(직업과 일상생활/신변처리의 독립도가 떨어짐/중도장애)	10	3.8
10. 대형 거주시설입소	5	1.9
11. 연령만기/고령화	4	1.5
12. 주말이용불가	2	.8
합 계	264	100.0

7) 그룹홈이 영구적 주거로서 역할을 못하게 방해하는 요인

그룹홈 종사자들이 생각하는 발달장애인 그룹홈이 주말까지 보장이 되면서 가정과 같은 영구적 주거로서 역할을 못하게 방해하는 요인을 최대 3개까지 기술하도록 하였다. 그룹홈 종사자들이 기술한 이유 중 인력부족이 47.2%로 가장 높은 비율을 보였으며 국가 지원부족(경제적인 부분)이 20.6%로 그 다음으로 높은 비율을 보였다. 종사자들은 그룹홈을 교사 1명이 케어하다 보니 시간적, 체력적으로 많이 부족하고 현재 가지고 있는 지원금(보조금)으로 주말까지 근무할 수 있게 하는 어려움이 있음을 지적하면서 인력부족과 지원부족이 유기적으로 연관되어 있음을 알 수 있었다. 3위로는 원가정 부모님들이 주말에는 집으로 오기를 희망하거나 장애인 본인이 가족한테 돌아가기를 원하는 경우가 15.3%를 차지하였다. 또한 개별 장애인의 장애정도나 자립능력이 부족한 부분을 지적한 경우가 8.7%, 그룹홈이 집보다는 시설과 같은 환경/시설이라는 인식 3.1%, 조기 노화(고령화)로 인한 주거시설로 이동 3.1%, 지역 사회주민들의 부정적 인식(님비현상)이 2.2%였다.

〈표 4-9〉 영구주거 방해요인

영구주거 방해요인	빈도(명)	퍼센트(%)
1. 인력부족	108	47.2
2. 국가 지원부족(경제적인 부분)	47	20.6
3. 원가정이 원치 않거나 장애인이 가족을 보고 싶어함(가족과의 유대감)	35	15.3
4. 개별 장애인의 문제(장애정도/자립능력부족/폭력성)	20	8.7
5. 그룹홈이 집보다는 시설과 같은 환경/시설이라는 인식	7	3.1
6. 조기노화(고령화)로 인한 주거시설로 이동	7	3.1
7. 지역사회주민들의 인식(님비현상)	5	2.2
합 계	229	100.0

8) 그룹홈이 영구적 주거로서의 역할을 하기 위하여 필요한 지원

그룹홈 종사자들에게 발달장애인 그룹홈이 주말까지 보장이 되면서 가정과 같은 영구적 주거로서의 역할을 하기 위해 필요한 지원을 최대 3개까지 기술하도록 하였다. 대체인력이나 행정적 업무 분담을 해줄 추가 교사배치가 49.2%, 운영비 인상 및 인건비 지원에 해당되는 예산지원이 25.2% 그리고 주말 프로그램과 여가지원의 필요성이 10.9%였다. 또한 현재의 그룹홈의 정원축소와 개인적 공간의 확대와 같은 그룹홈 주거환경 개선이 3.1%였으며 장애정도와 이용자 개인의 개별적 욕구 지원, 지역사회 그룹홈 인식 교육, 그리고 후견인제도의 필요성에 대하여 지적하였다.

그 밖에 그룹홈이 영구적 주거로서의 역할을 하기 위한 지원으로 간호사 및 의사의 지속적이고 정기적인 무료 검진 확대(분기별 1회 등), 입주자의 노령화에 대비한 의료지원이 필요함을 기술하였다. 또한 부양 의무제에 묶여 사회활동이 어려운 대상자가 수급비 지원을 받지

〈표 4-10〉 영구주거를 위해 필요한 지원

영구주거를 위한 지원	빈도(명)	퍼센트(%)
1. 추가 교사배치(대체인력/업무 분담)	127	49.2
2. 예산지원(운영비 인상/인건비 지원)	65	25.2
3. 프로그램지원/주말 여가지원	28	10.9
4. 이용자 및 원가정 인식 변화	15	5.8
5. 그룹홈 주거환경개선(다양한 그룹홈 확대/개인적 공간제공/그룹홈 정원축소)	8	3.1
6. 이용자 개인의 개별적 욕구 지원/장애정도에 따른 지원	7	2.7
7. 지역사회 그룹홈 인식 교육	5	1.9
8. 후견인 제도	3	1.2
합 계	258	100.0

못해 입주비와 용돈 해결이 되지 않기 때문에 경제적인 문제로 인하여 더 이상 거주하기 어렵거나 개인적 상황이 아닌 입주기간의 제한으로 인하여 이동을 해야 하는 현재의 시스템에 대하여 문제점을 제기하기도 하였다.

9) 발달장애인이 궁극적으로 독립하기 위해 필요한 지원

그룹홈 종사자들에게 장애인 그룹홈에 살고 있는 발달장애인이 궁극적으로 독립하기 위하여 앞으로 필요한 지원을 최대 3개까지 기술하도록 하였다. 독립 후에도 사후관리가 중요하기 때문에 사회적 적응 능력 함양을 위해 지속적인 자립훈련/일상생활 훈련이 13.7%로 가장 높게 나왔고, 안정적 직장 취업교육이 12.6%, 이와 유사한 경제적 지원이 12.2%로 나와 안정된 직장과 경제적 지원이 필요함을 알 수 있었다. 또한 이용자의 정도와 필요에 따른 다양한 형태의 주거지원과 안정적 주택마련, 이들의 장애 정도에 따른 개별적 지원, 인적지원/인력증원, 다양한 지역사회 프로그램/자원 참여, 이용자 본인의 자립의지 함양, 노화에 대한 의료적 지원 등이 그 다음 순서로 기술되었다. 보호자와 지역사회 주민들의 인식개선 및 교육과 현재 거주 정원을 줄여 좀 더 개별적이며 개인적인 공간이 보장된 그룹홈 환경개선, 후견인 제도 그리고 활동보조인 지원의 확대도 언급되었다.

〈표 4-11〉 궁극적 독립을 위한 지원

궁극적 독립을 위한 지원	빈도(명)	퍼센트(%)
1. 자립훈련/사회적 적응능력 함양	38	13.7
2. 취업교육/안정적 직장	35	12.6
3. 경제적/생계비/운영비 지원	34	12.2
4. 쾌적한 안정적 주택마련/다양한 주거지원(자립홈/결혼가정/노인홈 등)	30	10.8
5. 장애정도에 따른 개별적 지원(예. 가사관리 등)	25	9.0
6. 인적지원/인력증원	23	8.3
7. 다양한 지역사회 프로그램/자원 참여	20	7.2
8. 이용자 자립의지 함양	13	4.7
9. 의료지원(노후화에 대한 지원)	13	4.7
10. 보호자 인식개선 및 교육	12	4.3
11. 지역사회주민들의 인식개선	12	4.3
12. 그룹홈 환경 개선(주거정원축소/1인 1룸)	9	3.2
13. 후견인제도	7	2.5
14. 활동보조인 지원확대	7	2.5
합 계	278	100.0

V. 요약 및 제언

V. 요약 및 제언

1. 요 약

첫째, 본 연구에 참여한 그룹홈 종사자들이 응답한 그룹홈을 이용하는 성인발달장애인의 일반특성은 연령 분포가 20대에서 30대가 71.19%로 청년층 구조가 70%가 넘는 연령구조를 가지고 있었으나, 비교적 고연령인 50대와 60대도 9.38%를 차지하였다. 그룹홈을 이용하는 발달장애인들은 남성비율이 여성보다 20% 정도 높았으나 종사자들은 80% 이상이 여성이었다. 그룹홈 이용자들의 장애정도는 77.2%가 일부 도움으로 일상생활이 가능한 자였으며, 80% 이상이 신변자립 및 일상생활훈련, 사회적응훈련을 받고 있었다.

둘째, 발달장애인들이 가장 높은 빈도로 이용하는 지역사회장소는 가게 중에서는 마트, 기타기관 중에서는 종교기관으로 2주에 1회 정도의 높은 빈도로 이용하고 있었다. 식당 중 앉아서 먹는 식당(주문을 받는 곳), 가게 중 편의점, 기타 장소 중 공원을 2주 1회에서 월 1회 사이로 이용하였으며, 술집, 우체국, 자원봉사 기관은 거의 이용하지 않거나 전혀 이용하지 않았다. 가정생활 및 안전생활 관련 기술 중 몸차림 및 개인위생관리 기술 전체와 식사 중 행동 대부분 단계에서 ‘독립적으로 수행해야 한다’ 이상으로 높은 독립성을 요구하였으며, 관리비/집세 내기와 집 보수 및 수리하기 요청하기는 가장 낮은 독립성을 요구하였다. 전체적으로 자기결정기술의 모든 항목이 모두 보통 이상으로 중요한 사이의 점수대에 분포하였다. 그중 자기감정 이해하기, 거절하기, 공격적 상황에 대한 대응하기, 나에 대한 기본정보 알기항목의 모든 문항들은 모두 응답자들이 중요하다고 여기고 있었다.

또한 그룹홈 종사자의 50% 이상이 총 23개의 지역사회 활동 중 17개에 대하여 그룹홈 생활에 있어 필수 활동이라고 생각하였으나 술집은 10.9%만이 필수 활동이라고 응답하여 가장 낮은 비율을 나타내었다. 그룹홈 종사자의 50% 이상이 총 41개의 가정생활 및 안전생활 관련 기술 중 2개(메뉴 계획하기, 집 보수 및 수리하기)를 제외한 39개에 대하여 그룹홈 생활에 있어 필수기술이라고 생각하였으며, 90% 이상이 필수기술이라고 생각한 문항도 9개(용변기 사용, 세수하기/닦기, 손 씻기/닦기, 양치질, 목욕/샤워, 머리 빗질/머리정돈, 외관관리, 아프거나 다쳤을 때 타인에게 알리기, 먹을 수 있는 것과 없는 것 구별하기)나 되었다. 총 35개의 자기결정기술 중 1개의 문항(자신의 성격의 단점알기)을 제외한 모든 문항에 있어 자기결정 기술이 그룹홈 생활에 있어 필수기술이라고 생각하였다.

그룹홈 종사자들이 발달장애인의 노화로 인해 기능이 급격히 감소한다고 생각하는 시기는 40대라고 대답한 사람이 57.2%, 30대라고 대답한 사람이 22.0%로 통상적으로 불리는 노년의 기준보다 훨씬 낮은 것으로 확인되었다. 거주 연령의 경우 주로 20대(37.61%), 30대(33.58%)의 비율이 높았으나, 40대, 50대, 60대도 각각 18.81%,

6.87%, 2.54%를 차지하여 노령화되고 있는 발달장애인의 비율도 상당수 차지하였다.

그룹홈 이용자들이 중도에 퇴소하는(생활지도사로부터 퇴소를 권유받거나 스스로 퇴소를 결정하는) 주된 이유는 이용자들 혹은 교사와의 불화와 과잉행동과 폭력, 폭언, 무단이탈과 같은 문제행동이 각각 22.7%와 17.0%로 높은 비율을 차지하였다.

그룹홈 종사자들이 생각하는 발달장애인 그룹홈이 주말까지 보장이 되면서 가정과 같은 영구적 주거로서 역할을 못하게 방해하는 요인으로 인력부족 47.2%, 국가지원부족(경제적인 부분) 20.6%를 기술하였다. 따라서 가정과 같은 영구적 주거로서의 역할을 위해 필요한 지원으로 대체인력이나 행정적 업무 분담을 해줄 추가 교사배치, 운영비 인상 및 인건비 지원에 해당되는 예산지원이 25.2%, 그리고 주말 프로그램과 여가지원의 필요성이 10.9%였다. 또한 그룹홈 종사자들은 장애인 그룹홈에 살고 있는 발달장애인의 궁극적인 독립에 관해서는 독립 후에도 사후관리가 중요하기 때문에 사회적 적응 능력 함양을 위해 지속적인 자립훈련/일상생활 훈련, 안정적 직장 취업교육 및 경제적 지원을 높은 빈도로 답해 적응행동뿐 아니라 재정적인 부분도 독립에 많은 영향을 미침을 알 수 있었다.

2. 제 언

본 연구에 참여한 그룹홈 종사자들이 응답한 그룹홈을 이용하는 성인발달장애인의 일반특성은 연령 분포가 20대에서 30대가 70%

이상인 연령구조를 가지고 있었으나 비교적 고연령인 50대와 60대도 9.38%를 차지하였다. 이는 과거에 비하여 매우 노령화된 것으로 초기 공동생활가정에 입주했던 이용자들이 계속 거주하고 있을 가능성이 있다. 김라경(2014)은 우리나라는 인구고령화의 가속화로 인해 노인인구의 절대 수 및 전체인구 중 노인인구가 차지하는 비율이 점점 증가하고 있으며 이러한 경향과 더불어 선천적 혹은 출생 직후 장애가 생겨 노인이 된 노령화 장애인과 노화로 인한 장애노인의 수도 자연스럽게 증가하고 있다고 지적하였다. 그룹홈의 역사가 30년 정도 되는 과정 속에 과거의 거주자들이 계속 고령화되는 한국의 현실 속에서 장애노인은 장애인복지와 노인복지 분야 양쪽으로부터 소외당해 왔기 때문에 장애노인을 위한 서비스나 정책개발이 제한적이고 미흡한 상황이다(윤경아, 이윤화, 이익섭, 2000). 발달장애인의 경우 특히 조기노화의 위험에 취약하고 다운증후군 등의 장애인들은 신경병리학적 문제나 알츠하이머와 같은 조기노화를 경험하는 경향이 두드러진다. 장애노인은 장애와 노인의 문제를 복합적으로 가지고 있기 때문에 장애와 노인에 대한 공동적 대응이 필요하다. 2001년 WHO는 발달장애인의 노화문제를 제기하고 노화가 장기적이기 때문에 아동기부터 준비할 것과, 고령 발달장애인의 연령에 적합한 서비스를 요구하였다. 현재의 거의 획일적인 정책이나 서비스는 이러한 복합적인 욕구를 충족시킬 수 없음을 시사한다. 고령 발달장애인들을 위한 의료지원의 연계나 지역사회참여를 증진시킬 수 있는 활동보조서비스 확대 등에 대한 구체적 방안이 필요하다. 특히 그룹홈의 역사가 비교적 짧고 고령화되고 있는 발달장애인에 대한 준비와 여건은 새로운 과제임이 분명하다.

그룹홈 종사자들은 발달장애인과 그룹홈 운영에 대한 일반적인 견해를 묻는 문항에서도 발달장애인의 노화로 인해 문제를 꼽았다. 과반수 이상의 그룹홈 종사자들은 발달장애인의 기능이 급격히 감소한다고 생각하는 시기는 40대라고 대답하였고 20대와 30대의 발달장애인들과 함께 동일한 방식으로 운영하는 데 어려움을 토로하였다.

발달장애인들의 지역사회 이용정도는 가게 중 마트, 기타기관 중 종교기관이 2주에 1회 정도의 높은 빈도로 나타났다. 가정생활 및 안전생활 관련 기술 중 몸차림 및 개인위생관리 기술 전체와 식사 중 행동 대부분 단계에서 독립적으로 높은 독립성을 요구하였으며, 전체적으로 자기결정기술의 모든 항목이 모두 보통 이상으로 중요한 사이의 점수대에 분포하였다. 이는 그룹홈 종사자들이 공동생활가정에 입주해도 괜찮다고 여기는 장애인들의 바람직한 장애정도를 일부 도움으로 일상생활이 가능한 자거나 도움이 없이 일상생활이 독립적으로 가능한 자라고 말한 것과 일치하며 장애의 정도가 심하지 않은 경우 사람들의 입주를 선호하는 것으로 여겨진다. 현재의 발달장애인 그룹홈은 발달장애인 중에서도 주로 경도에 맞춰져 있거나 인원수도 4인 한 가정 거주 등으로 획일화되어 있다. 주거 선택권을 보장하여 장애의 정도나 개인적 주거 취향에 따라 독거, 2인, 3인 등 다양한 그룹홈 형태도 지원할 수 있어야 하며 일상생활을 독립적으로 할 수 있도록 지속적이고 체계적인 교육 시스템 개발과 중도장애인에 맞는 맞춤형 그룹홈이 필요하다. 또한 이용자들의 적응행동이나 생활능력에 따라 차등적이고 탄력적인 활동지원을 할 수 있는 제도 운영이 필요하다.

그룹홈 종사자의 50% 이상이 총 23개의 지역사회 활동 중 17개에 대하여 그룹홈 생활에 있어 필수 활동이라고 생각하였고, 총 41개의 가정생활 및 안전생활 관련 기술 중 2개(메뉴 계획하기, 집 보수 및 수리하기)를 제외한 39개에 대하여, 총 35개의 자기결정기술 중 1개의 문항(자신의 성격의 단점알기)을 제외한 모든 문항에 있어 그룹홈 생활에 있어 필수기술이라고 생각하였다. 이는 고등학교 발달장애인들의 교육과정을 구성할 때 본 연구에서 도출된 지역사회 활동들과 필수기술들을 반영하여 주거환경으로서 그룹홈을 이용할 가능성이 있거나 희망하는 발달장애인들에게 미리 준비를 시키는 것도 필요할 것으로 생각된다. 특히, 발달장애인의 경우 학습 특성상 기술의 습득이 우발적으로 일어나는 경우가 드물고 지속적이며 반복적인 교육이 필요하므로 장기적인 관점에서 교육과정을 구성하는 것이 중요할 것이다. 또한 일반교육과정과 동일한 교육과정이나 공통 교육과정이나 선택 교육과정을 적용할 수 없는 경우가 많기 때문에 기본 교육과정을 운영하는 데에 있어서 기능적이며 실제적인 부분에 대한 고려를 해야 하며 일반 교육과정과의 동일성을 획득한다는 명분으로 희생되어서는 안 된다.

그룹홈 이용자들이 중도에 퇴소하는(생활지도사로부터 퇴소를 권유받거나 스스로 퇴소를 결정하는) 주된 이유는 이용자들 혹은 교사와의 불화와 과잉행동과 폭력, 폭언, 무단이탈과 같은 문제행동이 높은 비율을 차지하였다. 공동생활가정 이용자 중 남성비율이 높으나, 종사자들의 80% 이상이 여성이기 때문에 청년 및 성인기 폭력이나 기타 공격적 행동에 대처하기에는 물리적으로 어려움을 가지고 있을 가능성이 제기 되었다. 남성 직원의 확보와 문제행동에 대한 체계적인 지도와 관리가 필요할 것으로 판단된다.

그룹홈 종사자들은 반드시 필요로 하다고 생각하는 평균적인 재택서비스 지원 시간에 비하여 실질적으로 발달장애인 이용자들에게 더 많은 시간을 지원한다고 보고하였다. 그룹홈의 특성상 한 종사자가 여러 명을 일괄적으로 관리하다 보니 종사자 입장에서 효율적으로 서비스 시간이 분배되지 않아 많은 지원이 필요한 이용자들은 기피하는 현상이 나타나거나 일부의 지원만으로 독립적으로 생활할 수 있는 이용자들한테도 필요 이상으로 시간적 지원이 이루어질 수밖에 없다. 개별적 맞춤 지원이 어려운 공동생활은 장애의 정도가 심하지 않고 자립능력이 높은 이용자 입장에서는 독립을 방해하고, 근무자입장에서는 피로감이 더할 수 있다. 해외의 경우에는 원 가정(natural home), 양부모가정(adoptive family), 양육가정(foster homes), 그룹홈, 관리는 아파트(supervised apartment), 지원주거형태(supportive living arrangements) 등 개별 장애인에 맞추어 다양한 형태의 주거유형이 있으나(Kim & Dymond, 2012), 현재 우리나라에서 운영되고 있는 장애인 거주시설에 대한 연구는 이와 같이 세분화되지 못한 상태이므로 선택의 폭도 좁은 편이라 할 수 있다(김라경, 연준모, 2015). 박진영(2011)은 지적장애인의 자립생활경험에 대한 연구를 통하여 공동생활 경험이 자립생활을 위한 중요한 경험이 되고 있다고 밝혔다. 장애의 정도가 심한 경우 보호의 역할을 강화하고, 비교적 독립적 일을 처리하고 독립생활의 욕구가 높은 장애인의 경우에 좀 더 자립적인 곳으로 나아갈 수 있도록 그룹홈은 주거의 연속체로서의 기능을 가져야 한다.

그룹홈 종사자들이 생각하는 발달장애인 그룹홈이 주말까지 보장이 되면서 가정과 같은 영구적 주거로서 역할을 하지 못하게 방해하는 요인으로 인력부족, 국가지원부족(경제적인 부분)이 주요 원인으로 기술되었다. 따라서 가정과 같은 영구적 주거로서의 역할을 위해 필요한 지원으로 대체인력이나 행정적 업무 분담을 해줄 추가 교사배치, 운영비 인상 및 인건비 지원에 해당되는 예산지원 등이 그 대안으로 나왔다. 현재 많은 그룹홈은 거주인 생활지원과 행정, 회계를 운영하는 데 있어 주거 특성상 야간에 생활지원이 이루어지고 행정과 회계는 주간에(교사 퇴근시간에) 이루어지고 있어 많은 행정업무로 인하여 교사의 건강과 심리적 안정에 부정적 영향을 끼쳐 소진되기 쉬운 구조를 가지고 있음이 드러났다. 따라서 서류 중심이 아닌 현장중심의 거주자 서비스를 질적으로 제공하도록 정책적인 지원과 법률 및 지침이 필요하다. 이용자의 경제적 자립에 필요한 주변 환경개선 지역에 취업 가능하거나 직장이나 교육을 받을 수 있는 여건 조성이 요구된다.

마지막으로 소수이기는 하나 아직도 장애인 그룹홈을 위험시설, 혐오시설 등으로 생각하고 자신들이 살고 있는 지역에 들어서는 것을 강력하게 반대하는 지역사회 주민들의 부정적 인식이 있음이 드러났다. 위 여건을 개선시킬 수 있는 방법으로 지역사회와의 네트워크 연계 구축화 지원 방안 모색과 함께 지역주민과의 빈번한 교류를 통하여 원활한 관계유지 프로그램 및 인식개선 프로그램이 필요하다.

| 참고문헌 |

강미나, 김진범, 이현지, 김태환, 김현진, 주현태, 서종균(2010). 장애인 주거실태와 주거대책 연구. 국토연구원.

강석동(1993). 정신지체인을 위한 집단가정서비스가 정신지체인과 그의 어머니에게 미치는 영향. 숭실대학교 사회복지학과 석사학위논문.

강희설, 김용득(2008). 장애인거주시설 유형별 이용자 보호비용 비교, 사회복지연구, 37(2), 345-368.

교육인적자원부(2007). 장애인 등에 대한 특수교육법. 서울: 교육인적자원부.

김경열(2012). 발달장애 성인학습자의 평생학습의 참여요인에 관한 연구. 숭실대학교 대학원.

김라경(2012). 중도장애인의 거주 형태에 따른 여가활동 비교: 지원 아파트와 공동생활가정 비교연구. 특수교육저널: 이론과 실천, 12(2), 29-47.

김라경(2014). 노인들의 장애노인에 대한 수용 태도, 특수교육재활과학연구. 53(1), 23-42.

김민숙(2012). 공동생활가정 입주 장애인 보호자의 이용만족도에 관한 연구. 석사학위 논문. 백석대학교 사회복지대학원: 사회복지학.

김성희, 황주희, 이민경, 심석준, 김동주, 강민희, 정희경(2013). 장애인 자립생활 지원방안(발달장애인을 중심으로). 한국보건사회연구원.

김영석(2000). 주거형태가 정신지체인의 사회통합에 미치는 영향연구: 장애인공동생활가정을 중심으로. 연세대학교 대학원. 사회복지학과.

김용득, 박숙경(2008). 지적장애인의 거주시서유형별 자기결정 경험 연구. 한국사회복지학, 60(4), 79-03.

김윤희(1997). 그룹홈 정신지체인의 삶의 질 분석. 단국대학교 사회복지학과 석사학위논문.

김은경, 김은경(2006). 국내 자폐 교육 관련 연구의 동향 분석: 1996-2005년 특수교육 학술지 수록 연구를 중심으로. 특수교육학연구, 41(1). 79-109.
김진우(2009). 발달장애인에 대한 자립생활 권리와 제도화방안. 2009 함께 가는 발.
김진호(2012). 지적 및 발달장애학생의 가정생활기술에 대한 국내 실험연구 고찰. 지적장애연구, 15(3), 73-98.
김치훈(2012). 발달장애인 지원 및 권리보장에 관한 법률(안)의 제정 과정. 부산복지포럼, 9, 6-13.
남민(2002). 장애인공동생활가정 입주 자폐장애인 부모의 복지욕구, 자폐성장애연구, 4(1), 133-144.
남연희(2006). 정신지체장애인의 지역사회재활을 위한 공동생활가정 운영 개선에 관한 연구. 복지행정논총, 16(2), 31-46.
문정희(1985). 정박가정의 시설보호욕구에 관한 조사연구. 서울대학교 사회복지학과 석사학위논문.
박소현(2002). 정신지체인의 사회통합에 영향을 미치는 요인에 관한 연구. 서울대학교 사회복지학과 석사학위논문.
박승탁(2010). 그룹홈 거주 지적장애인 자립생활 영향요인에 관한연구. 장애와 고용, 20(4), 323-534.
박승희, 나수현(2009). 장애인공동생활가정 종사자의 연수교육 내용 개발을 위한 요구 분석. 특수교육, 8(2), 55-84.
박지연(2012). 장애인 가족지원을 위한 증거기반의 실제. 학지사.
박현주, 박승희(2001). 공동생활가정에 거주하는 성인 정신지체인을 위한 자기시간 계획하기 교수의 효과. 언어청각장애연구, 6(1), 236-266.
배내윤(2007). 발달장애아동 가족지원에 대한 재고. 발달장애연구, 11(1), 81-94.
보건복지부(2013). 장애인복지시설 일람표. 서울: 보건복지부
서현정(1993). 그룹홈과 시설에 수용된 청년기 정신지체인의 적응행동 비교. 대구대학교 사회복지학과 석사학위논문.
신현철(2008). 장애인 공동생활가정 이용만족도에 관한연구: 서울특별시를 중심으로. 서울시립대학교 도시과학대학원.

우주형(2012). 발달장애인 자립지원방안. **부산복지포럼**, 9, 20-32.
유병주(2004). 성인정신지체인의 자립생활을 위한 주거서비스의 변화: 그룹홈에서 순회지원자립홈으로. **특수교육학 연구**, 39(3), 163-185.
이동석(2013). 영국의 지적장애인 주거유형 분석 및 정책적 함의. **장애인복지 연구**, 4(1), 1-26.
이복실, 김용득(2012). 생활시설 성인 지적장애인의 자기결정에 영향을 미치는 요인. **한국장애인복지학**, 18, 65-84.
정희섭, 김현진, 김형일, 정동영, 정인숙(2006). **특수학교(급) 고등부 졸업생의 진로실태 및 진로 지원 체제 구축 방안**. 국립특수교육원.
조옥현(1991). 성인정신지체인을 위한 집단 가정(Group home) 서비스에 관한 연구. 숭실대학교 대학원 사회사업학과 석사학위청구논문.
조현근, 이병인(2009). 유아특수교육 연구 방향성 탐색을 위한 연구 동향 분석-1994년부터 2007년까지 특수교육 전문 학술지 중심으로-. **유아특수교육연구**, 9(1), 1-42.
최은광(2005). 정신지체인을 위한 그룹홈 활성화 방안에 관한연구: 광주광역시를 중심으로. 조선대학교 정책대학원. 사회복지학과.
하춘자(2006). 장애인의 그룹 홈 활성화 방안에 관한 연구. 동국대학교 석사학위 논문.
황수정(2001). 공동생활가정 정신지체인의 사회통합에 관한 영향을 미치는 요인에 관한 연구. 이화여자대학교 대학원. 석사학위논문.

Aveno, A.(1987). A survey of activities engaged in and skills most needed by adults in community residences. *Journal of the Association for Persons with Severe Handicaps, 12,* 125-130.
Beirne-Smith, M., Patton, J. R., & Kim S. H.(2006). *Mental retardation — An introduction to intellectual disabilities*(7th ed.). New Jersey: Prentice Hall.
Brolin, D. E.(1978, 1989, 1991, 1997). *Life centered career education: A competency based approach.* Reston, VA: The Council for Exceptional Children.

Budde, J., Youngbauer, J., Snyder, J.(1997). *Underserved consumers with mental retardation*. University of Kansas: Lawrence, Kansas.

Burchard, S., Hasazi, J., Gordon, L., & Yoe, J.(1991). An examination of lifestyle and adjustment in three community residential alternatives. *Research in Developmental Disabilities, 12,* 127-142.

Emerson, E., Robertson, J., Gregory, N., Hatton, C., Kessissoglou, S., Hallam, A., & Hillery, J.(2000). Treatment and management of challenging behaviors in residential settings. *Journal of Applied Research in Intellectual Disabilities, 13*, 197-215.

Emerson, E. & Mcvilly, K. R.(2004). Friendship activities of adults with intellectual disabilities in supported accommodation in northern England. *Journal of Applied Research in Intellectual Disabilities, 17,* 191-197.

Ford, A., Schnorr, R., Meyer, L. H., Davern, L. Black, J., & Dempsey, E(Eds.).(1989). *The Syracuse community-referenced curriculum guide for students with moderate and severe disabilities*. Baltimore, MD: Brooks.

Forrester-Jones, R., Carpenter, J., Coolen-Schrijner, P., Cambridge, P., Tate, A., Beecham, J., Hallam, A., Knapp, M. & Wooff, D. (2006). The social networks of people with intellectual disability living in the community 12 years after resettlement from long-stay hospitals. *Journal of Applied Research in Intellectual Disabilities, 19,* 285-295.

Giangreco, M., Cloninger, C., & Iverson, V.(1998). *Choosing options and accommodations for children(COACH): A guide to planning inclusive education.* Baltimore: Paul H. Brooks.

Individuals with Disabilities Education Improvement Act.(2004). H.R. 1350.

Kim, R.K., & Dymond, S.K.(2010). Special education teachers' perceptions of benefits, barriers, and components of community-based vocational instruction. *Journal of Intellectual and Developmental Disability,* 48, 313-329.

Kim, R.K. & Dymond, S.(2012). A national study of community living: Impact of type of residence and hours of in-home support, *Research and Practice for Persons with Severe Disabilities,* 37(2),

116-129.

Kim, S., Larson, S., & Lakin, K. C.(2001). Behavioral outcomes of deinstitutionalization for people with intellectual disabilities: A review of U.S. studies conducted between 1980 and 1999. *Journal of Intellectual and Developmental Disability, 26*(1), 35-50.

Lakin, K.C., Larson, S.A., & Hill, S.L.(2012). Behavioral outcomes of moving from institutional to community living for people with intellectual and developmental disabilities: U.S. studies from 1977 to 2010. *Research and Practice for Persons with Severe Disabilities, 37*(4), 1-12.

Nunnally, J. C.(1978). *Psychometric theory(2nd ed.).* New York: McGraw-Hill.

Renzaliga, A. & Aveno, A.(1986). *Individualized functional curriculum assessment procedure for students with moderate to severe disabilities,* Department of Special Education, University of Virginia.

Robertson, J., Emerson, E., Gregory, N., Hatton, C., Kessissoglou, S., Hallam, A., & Linehan, C.(2001). Social networks of people with mental retardation in residential settings. *Mental Retardation, 39*, 201-214.

Stancliffe, R. J., & Lakin, K. C.(1998). Analysis of expenditures and outcomes of residential alternatives for persons with developmental disabilities. *American Journal on Mental Retardation, 102*, 552-568.

Tzeng, H. M.(2004). Nurses' self assessment of their nursing, competencies, job demands and job performance in Taiwan hospital system. *International Journal of Nursing Studies, 41,* 487-496.

Wilcox, B., & Bellamy, G. T.(1987). *A comprehensive guide to the activities catalog: An alternative curriculum for youth and adults with severe disabilities*. Baltimore, MD: Paul H. Brookes.

Wehmeyer, M. L., & Bolding, N.(1999). Self-determination across living and working environments: A matched-samples study of adults with mental retardation. *Mental Retardation, 37*(5), 353-363.

Wolfensberger, W.(1972). *The principle of Normalization in human services.* Toronto: National Institute on Mental Retardation.

분석대상 논문 목록

감정기, 최복천, 송정문(2012). 거주시설 장애인의 탈시설 인식 및 지원욕구에 관한 연구. 비판사회정책, 37, 7-48.

강지혜, 윤영삼, 김상운, 성기창, 박광재, 강병근(2006). 국내・외 관련 제도 및 실태분석을 통한 한국형 장애인 자립생활센터의 계획방향에 관한 연구. 한국의료복지시설학회지, 12(2), 17-29.

공마리아, 이성록(2007). 발달장애 성인 생활시설의 성관련 서비스 실태 및 관리자의 태도: 서울 지역의 생활시설을 중심으로. 재활과학연구, 46(4), 77-101.

구원옥, 이은진, 이은정, 김유미, 이효신(2008). 장애인생활시설 서비스 분석을 통한 시설 이용인의 요구와 시설의 운영방향에 관한 연구. 재활과학연구, 47(3), 343-368.

김경미(2005). 장애인의 활동보조서비스 이용 이후 삶의 변화에 대한 연구: 신체적, 심리적, 사회관계적 측면을 중심으로. 한국사회복지학, 57(4), 253-274.

김경애(2011). 사회적 기술 훈련 프로그램이 시설거주 지적장애 학생의 사회적 적응 행동과 반사회적 행동에 미치는 효과. 정신지체연구, 13(3), 227-239.

김경희, 김미옥(2012). 지적장애인 인권침해사건 해결과정에서의 딜레마에 관한 질적 사례연구. 한국장애인복지학, 19, 235-252.

김광희, 강양구(2003). 그룹홈에 대한 정신지체 학부모의 인식 및 요구도에 관한 연구: 대전, 충청지역을 중심으로. 정신지체연구, 5, 51-68.

김동기(2009). 자립생활서비스 이용 중증장애인의 사회참여에 대한 자립생활센터의 조직효과 연구. 한국사회복지조사연구, 21, 59-92.

김동호(2002). 자립생활패러다임에서 본 한국장애인복지관 연구. 한국사회복지행정학, 6, 91-117.

김미옥(2012). 사회복지사의 지적장애인 서비스과정 참여에 관한 인식 연구 -장애인거주시설 내의 참여를 중심으로 한 IPA 분석-. 사회복지연구, 43(4), 369-394.

김미옥, 김고은(2010). 거주시설 성인 지적장애인의 일상에 관한 연구: 생활시간조사를 활용한 일상생활활동과 상호작용 분석을 중심으로. 한국사회복지학, 62(1), 317-342.

김미옥, 정진경, 김희성(2008). 장애인 거주시설의 인권 연구: 장애인당사자와 종사자의 인식을 중심으로. 사회복지정책, 33, 389-422.

김연옥, 윤덕찬(2009). 장애인생활시설 종사자 역량에 관한 연구. 사회복지연구, 40(2), 285-312.

김영숙(2010). 장애인의 삶의 질 향상을 위한 생활시설의 실태와 주거환경 지원방안. 특수교육저널: 이론과 실천, 11(2), 47-68.

김용득, 박숙경(2008). 지적장애인의 거주시설 유형별 자기결정 경험 연구. 한국사회복지학, 60(4), 79-103.

김용득, 송남영, 장기성(2010). 장애평가 기준과 장애인거주시설서비스 욕구. 한국장애인복지학, 12, 95-121.

김용득, 최재성(2000). 장애인생활시설 이용권(Voucher)제도 시범사업 방안: 경기도 지역을 중심으로. 상황과 복지, 8, 87-130.

김진우(2010). 장애에 대한 사회적모델과 자립생활모델에 대한 이론적 비교 연구. 사회복지연구, 41(1), 39-63.

김진우(2010). 장애인생활시설 내 차별발생 책임소재에 관한 탐색적 연구. 한국장애인복지학, 13, 45-65.

김진우, 서동명(2012). 장애인 거주시설 종사자의 직무분석에 따른 인력배치에 관한 연구. 한국장애인복지학, 19, 87-110.

김행란(2010). 장애인생활시설 사회복지사의 정체성 형성과정 연구. 한국사회복지질적연구, 4(2), 33-62.

남연희(2006). 정신지체장애인의 지역사회재활을 위한 공동생활가정 운영개선에 관한 연구. 복지행정논총, 16(2), 31-46.

박석돈(2006). 중증장애인 독립생활에 관한 이론적 고찰. 지체중복건강장애연구, 47, 25-43.

박석돈(2007). 미국의 중증장애인 독립생활운동에 관한 고찰. 지체중복건강장애연구, 49, 403-418.

박선아(2011). 성인 지적장애인의 자립생활능력 평가척도 개발 연구. 재활복지, 15(4), 129-157.
박선아(2012). 성인 지적장애인의 자립생활능력 평가척도 영향 변인 및 규준 연구. 사회과학연구, 23(1), 93-116.
박선아, 김성한(2009). 성인 지적장애인의 자립생활능력척도 개발을 위한 기초연구. 사회과학연구, 20(3), 107-128.
박성우, 신현기(2003). 경도 정신지체인의 고용상태와 거주형태에 따른 자기결정력과 삶의 질 비교. 특수교육학연구, 38(3), 259-281.
박승탁(2010). 그룹홈 거주 지적장애인 자립생활 영향요인에 관한 연구. 장애와 고용, 20(4), 323-354.
박승탁, 황석웅(2007). 그룹홈 생활에 따른 정신지체인의 자립생활에 미치는 영향. 정신지체연구, 9(3), 195-216.
박승탁, 황석웅(2008). 그룹홈 지적장애인의 지역사회통합 영향요인. 장애와 고용, 18(2), 211-238.
박승희, 나수현(2009). 장애인공동생활가정 종사자의 연수교육 내용 개발을 위한 요구 분석. 특수교육, 8(2), 55-84.
박은송(2012). 중도・중복장애인의 자립생활지원을 통한 지역사회 통합 방안. 재활과학연구, 51(4), 1-19.
박진영(2011). 자립홈 지적장애인의 자립생활 경험에 관한 질적연구 적장애인의 자립생활 경험에 관한 질적연구. 한국사회복지질적연구, 5(2), 35-59.
박현주, 박승희(2001). 공동생활가정에 거주하는 성인 정신지체인을 위한 자기시간 계획하기 교수의 효과. 언어청각장애연구, 6(1), 236-266.
박형진(2008). 장애인의 사회적 배제 극복을 위한 자립생활 지원방안. 사회연구, 15, 69-94.
박희찬(2013). 지적장애인 고등학교 졸업 이후 전환 실태와 개선 방안. 정신지체연구, 15(2), 1-24.
백은령, 이은미(2012). 장애인 그룹홈 거주자의 정주감과 주거환경개선 욕구에 관한 연구. 한국장애인복지학, 19, 211-234.

백은령, 임성만(2006). 거주시설에서의 이용자 참여실태와 과제. 재활복지, 10(3), 27-64.

서경희, 변찬석, 전헌선, 진홍신, 신윤희, 최미향(2004). 장애인생활시설의 일상생활기록을 통한 요구분석. 재활과학연구, 43(1), 99-120.

서화자, 김홍남, 김광혁(2004). 장애인생활시설의 환경・위생문제 개선 연구: EM(effective microorganism)효과성의 실증적 검증. 재활과학연구, 43(2). 391-416.

손인봉, 김동기, 김승태(2013). 장애인 자립생활센터 종사자의 직무스트레스가 소진에 미치는 영향 및 직무만족의 매개효과. 직업재활연구, 23(2), 107-124.

신상윤(1997). 공동생활가정 유형 및 운영기준에 관한 연구. 재활복지, 1(2), 97-130.

신현석(2004). 종사자 임파워먼트와 서비스 질의 분석적 고찰: 장애인생활시설을 중심으로. 사회복지연구, 25, 225-255.

심석순, 남정휘, 임수경(2009). 장애인 자립생활센터 평가도구개발과 활용방안에 관한 연구. 재활복지, 13(3), 271-295.

양희택(2005). 장애인복지의 새로운 패러다임(paradigm): 장애인 자립생활 개념정의를 위한 시론(始論)적 연구. 재활복지, 9(2), 53-86.

오세란(2005). 생활시설 장애인의 삶의 만족에 영향을 미치는 요인에 관한 연구. 재활복지, 9(2), 29-52.

우주형(2006). 장애인 자립생활 지원의 법제도화 과제. 특수교육저널: 이론과 실천, 7(4), 261-281.

유동철(2011). 장애인 생활시설의 주거권 확보에 대한 장애인차별금지법의 함의. 상황과복지, 31, 47-84.

유동철, 김경미, 김동기, 신유리(2013). 복지권 관점에서 본 한국 장애인 거주시설의 개선방안: 자립과 돌봄사이. 사회복지연구, 44(2), 405-432.

유병주(2004). 성인정신지체인의 자립생활을 위한 주거서비스의 변화: 그룹홈에서 순회지원자립홈으로. 특수교육학연구, 39(3), 163-185.

유영준, 임종호, 진혜경(2008). 지체장애인과 지적장애인의 자립생활과 사회적 지지 및 사회통합에 관한 연구. 재활복지, 12(1), 115-137.
이달엽, 조영길(2005). 장애인 직업재활 관점에서 독립생활 운동의 재조명. 재활복지, 9(1), 47-80.
이복실, 김용득(2012). 생활시설 성인 지적장애인의 자기결정에 영향을 미치는 요인. 한국장애인복지학, 18, 65-84.
이상복, 구원옥, 이원령, 신윤희, 박영균(2005). 장애인생활시설 개별화 프로그램 분석 연구. 재활과학연구, 44(1), 199-222.
이상복, 김춘희, 유은정, 이원령, 구원옥(2004). 장애인생활시설의 교육서비스 요구 분석. 재활과학연구, 43(1), 1-14.
이성용, 김경화(2010). 장애청소년의 전환교육 및 서비스에 대한 학부모의 인식 및 요구. 특수교육학연구, 45(3), 155-187.
이성하, 나운환(2012). 발달장애인의 중등교육이후 전환프로그램 모형 개발 연구. 정신지체연구, 14(4), 255-292.
이채식(2013). 장애인 자립생활의 구성요인 중 자기결정권과 역량강화가 공동체관계 및 생산성에 미치는 영향. 재활복지, 17(4), 221-244.
이현심, 남희수(2013). 장애인생활시설 종사자의 직무만족도가 삶의 질에 미치는 영향. 한국장애인복지학, 21, 69-89.
전지혜(2011). 중증장애인 종사자의 자립생활센터 종사경험에 관한 연구. 장애와 고용, 21(3), 27-56.
조우연, 신경애, 김영이, 김은주, 전은경, 강희숙(2013). 지적장애인거주시설 사회복지사의 윤리적 딜레마 경험. 재활복지, 17(1), 233-258.
조홍식(1998). 장애인 수용시설의 지역사회 개방화. 재활복지, 2(2), 106-129.
최재성(2002). 장애인공동생활가정(그룹홈)의 실태분석을 통한 성격규명과 활성화 방향. 사회과학논집, 32, 87-113.
황석웅, 박승탁(2012). 지적장애인의 자립생활기술교육이 자립생활에 미치는 영향 요인: 자기결정권의 매개효과를 중심으로. 정신지체연구, 14(4), 311-340.

〈부록 1〉 학술지에 등재된 주거관련 논문

연도	저자명	논문명	문헌종류	연구대상(성별, 나이)	장소(시설, 자립홈, 공동생활가정),	장애	연구방법 (연구방법+통계기법)	연구결과
1998	김용득	장애인재활시설에서의 팀협력 향상을 위한 전문분야간 상호이해 훈련 프로그램의 효과성 연구	중재연구	교육재활, 사회재활, 의료재활, 직업재활 등 장애인 복지관의 주요 전문영역에서 일하는 사회복지사, 직업생활상담사, 치료사, 특수교사	장애인생활시설 (장애인복지관)	장애인생활시설 (장애인복지관)에서 근무하는 전문가	쌍표본 t검정, 맨휘트니 U검정	1. 팀협력에 대한 효과는 유의하지 않음 2. 자기전문분야에 대한 인식을 긍정적으로 변화시킴 3. 타전문분야에 대한 인식을 긍정적으로 변화시킴 4. 팀 협력의 효과성에 대한 구성원의 평가를 긍정적으로 변화시킴 5. 재활계획 수립에서의 전체 전문 영역 간 상호작용의 빈도를 높여줌
2001	박현주	공동생활가정에 거주하는 성인 정신지체인을 위한 자기시간 계획하기 교수의 효과	중재연구	3명의 성인 정신지체인	그룹홈	정신지체	중다기초선 설계	자기시간 계획하기 교수의 효과를 알아보기 위하여 (1) 일과 계획하기 수행률과 (2) 자발적인 활동 수행률에 대한 자료를 수집하였다. 가정 내에서 해야 하는 활동 4가지와 하고 싶은 활동 2가지에 대한 일과 계획하기와 자발적인 활동 수행률이 증가하였고, 중재가 끝난 3주 이후에도 중재 후반부 수준으로 유지되었다
2002	김동호	자립생활패러다임에서 본 한국장애인복지관 연구	설문조사	전국 33개의 장애인복지관에 종사하는 직원 총 177명	장애인복지관	해당없음	상관관계, 빈도, 평균 백분율, T-TEST, ANOVA, 단순 및 중다회귀분석	우리나라 장애인복지관은 특수한 기능의 향상을 목표로 하는 재활프로그램을 제공하는 비중이 크며, 장애인 당사자의 자기결정과 선택을 통해 역량강화를 이끌어 내는 서비스와 지역사회에서의 통합된 생활을 가능하게 하고 유지하는 데 필요한 지원서비스를 제공하는 데까지는 이르지 못하고 있음
2003	박성우	경도 정신지체인의 고용상태와 거주형태에 따른 자기결정력과 삶의 질 비교	개별면담(자기결정력 척도와 삶의 질 척도)을 통한 집단비교	경기도 평택시 소재 D 특수학교 전공과	시설 및 가정에서 거주하는 특수학교	경도정신지체 학생 24명	이원변량분석(two way ANOVA), 주효과분석, 상관분석	고용상태에 있는 정신지체인과 가정에 있는 정신지체인이 시설보다 자기결정력이 높음
2003	김광희	그룹홈에 대한 정신지체 학부모의 인식 및 요구도에 관한 연구	설문조사	대전·충청 지역에 있는 정신지체아 특수학교에 학부모 534명을 대상(5.2%)	그룹홈	정신지체	빈도 및 백분율, 변량분석, 교차분석 및 다중대응분석	대부분의 학부모가 그룹홈에 대해 알고 있으며 선호하고 있는 것으로 나타났다. 그룹홈의 필요성에 대한 긍정적으로 인식하는 것으로 나타났다. 그룹홈 운영자금 부담, 자녀에 대한 장래대책 책임을 국가에 대해 의존하고 기대하는 것으로 나타났다.
2004	서경희	장애인생활시설의 일상생활기록을 통한 요구분석	1년간 기록분석	생활인 일상기록 118명 지체장애, 정신지체, 미판정, 청각언어장애	경북지역 장애인생활시설	지체장애, 정신지체, 미판정, 청각언어장애	빈도분석	1여 년간의 장애인생활시설에 기록된 생활인과 생활재활교사의 정보분석을 통하여 일상생활 속에서의 특징, 건강문제, 행동문제, 환경정보에 대하여 분석한 결과 가벼운 외상, 두통, 변비, 간질환, 감기 등의 건강문제를 보임. 생활, 건강, 학습 등에 부정적인 영향을 미칠 수 있는 행동이 일상생활에서 30% 정도 보임. 약물복용이 빈번하며 약물복용기록 시스템 요구
2004	이상복	장애인생활시설의 교육서비스 요구 분석	기록분석(1여 년간의 장애인생활시설에 기록된 교육서비스 기록 분석)	118명의 교육서비스 기록이 있는 생활인 118명, 지체장애(68), 정신지체(46), 미판정, 청각장애	경북지역 장애인생활시설	지체장애, 정신지체, 미판정, 청각언어장애	빈도분석	교육서비스는 주로 생활인의 기초생활기능 향상을 위한 교육, 단기계획 수행률이 10회 중 2회 정도 미만으로 성과를 보임
2004	신현석	종사자 임파워먼트와 서비스 질의 분석적 고찰 -장애인생활시설을 중심으로	해당없음	해당없음	해당없음	해당없음	해당없음	종사자 임파워먼트와 서비스 질의 분석적 고찰

〈부록 1〉 학술지에 등재된 주거관련 논문(계속)

연도	저자명	논문명	문헌종류	연구대상(성별, 나이)	장소(시설, 자립홈, 공동생활가정),	장애	연구방법 (연구방법+통계기법)	연구결과
2005	이달엽	장애인 직업재활 관점에서 독립생활 운동의 재조명	문헌연구(opinion)	해당없음	해당없음	해당없음	해당없음	독립생활은 가능한 한 이동과 생산적 활동과 같은 일상생활에 있어서 최대한의 독립성을 확보하기 위한 노력에 초점을 두기 때문에 특히, 통상적인 고용으로의 전환이 이러한 노력의 가장 상위목표와 중요한 부분이 되는 동시에 바람직한 사회적 정체감의 확립에 기여하게 된다.
2004	유병주	성인정신지체인의 자립생활을 위한 주거서비스의 변화-그룹홈에서 순회지원자립홈으로	문헌분석	해당없음	그룹홈, 순회지원자립홈	지적장애	문헌연구	정신지체인에게 더 많은 자립생활을 보장할 수 있는 새로운 형태인 순회지원자립홈에 대하여 고찰
2005	이상복	장애인생활시설 개별화 프로그램 분석 연구	기록분석(2년간의 장애인생활시설에 기록된 개별화 프로그램 기록분석)	교육서비스 기록이 있는 생활인 118명, 지체장애(68), 정신지체(46), 미판정, 청각장애	경북지역 장애인생활시설	지체장애, 정신지체, 미판정, 청각언어장애	빈도분석	가정에서 이루어지는 일상생활기능 습득이 우선, 지체부자유 장애를 지닌 생활인은 운동기능의 습득과 보행에 관련된 교육계획 비율이 높으며, 정신지체 장애를 지닌 생활인은 소근육 운동, 협응, 건강관리와 관련된 교육이 이루어짐. 기초적인 학습기능을 습득할 수 있는 교육계획이 실시
2005	양희택	장애인복지의 새로운 패러다임(Paradigm)	설문조사	비장애성인 50명, 장애인 복지 전문가 50명, 자조협회소속 장애인 55명	전체	알 수 없음	빈도분석	장애인이 자립생활을 한다는 것은 우선 소득보전과 같은 취업, 최소한의 생계유지가 가능한 이후 일상생활훈련, 이동에 관한 보장, 복지수급선택권, 자기결정에 대한 참여권리로 정의함
2005	김경미	장애인의 활동보조서비스 이용 이후 삶의 변화에 대한 연구	비구조화된 질문지를 가지고 직접 면접	활동보조 서비스를 이용한 장애인 9명	부모 혹은 혼자서 거주	지체장애, 정신지체, 뇌병변	질적연구 Constant comparative analysis	외출의 빈도가 증가하고, 외출 장소가 다변화되는 등 행동영역이 넓어지고, 신체적 활동의 증가는 신체적인 기능이 향상을 가져옴. 심리적인 측면에서는 장애인이 본인의 삶과 환경에 대해 행사하는 통제력이 증대되고, 본인들의 장애에 대한 긍정적인 수용과 함께 자신감이 증대
2005	오세란	생활시설 장애인의 삶의 만족에 영향을 미치는 요인에 관한 연구		경기도, 서울, 인천의 생활시설에 거주하는 장애인 127명	생활시설	지체장애, 뇌병변, 정신지체, 기타	t검증, 분산분석, 회귀분석	친구나 주변사람의 지지가 중요한 변수, 교통시설의 편의성, 넓고 편안하고 청결한 것과 같은 물리적 환경도 사회적 변수가 됨
2006	강지혜	국내·외 관련 제도 및 실태분석을 통한 한국형 장애인 자립생활센터의 계획방향에 관한 연구	관찰 및 설문조사	서울, 울산, 부산, 광주 자립생활센터 10개소	자립생활센터	전 영역의 장애	통계방법을 사용하지 않고 단순기술	자립생활센터 관련 기초법률 제정필요, 장애유형, 장애정도별 세분화·전문화 필요, 국가적 차원에서 재정지원 및 설계기준 마련, 주거개념으로서 자립생활센터에 대한 의미부여
2006	남연희	정신지체장애인의 지역사회 재활을 위한 공동생활가정 운영개선에 관한 연구	문헌연구(opinion)	해당없음	그룹홈	해당없음	해당없음	공동생활가정의 안정적 운영을 위한 재정지원이 요구 기관운영에 있어서 전문성 향상을 위한 프로그램 개발과 실무자들의 전문성이 확보 지역사회중심 재활을 위해 거주 장애인과 지역사회, 부모와의 관계를 강화 정보 교류 및 서비스 질적 향상을 극대화, 지역불균형, 서비스질의 차이를 최소화
2006	우주형	장애인 자립생활 지원의 법제도화 과제	문헌연구(고찰)	해당없음	해당없음	해당없음	해당없음	장애인자립생활 지원에 대한 법제도화에 있어 한국적 상황고려

〈부록 1〉 학술지에 등재된 주거관련 논문(계속)

연도	저자명	논문명	문헌종류	연구대상(성별, 나이)	장소(시설, 자립홈, 공동생활가정),	장애	연구방법 (연구방법+통계기법)	연구결과
2009	김동기	자립생활서비스 이용 중증 장애인의 사회참여에 대한 자립생활센터의 조직효과 연구	설문조사(우편조사)	위계적 선형모형을 적용하기 위해, 조직수준(level 2)에 의한 대상자와 개인수준(level 1)에 의한 대상자로 구분. 센터를 이용하는 중증장애인 224(남138,여84, 평균 37.7세)명, 센터직원 115명, 센터소장 26명=총 365명	자립생활센터 26곳	중증장애(지체장애, 뇌병변장애, 시각장애, 언어장애, 정신지체)	1.기술통계 2.척도의 내적 일관성 위한 신뢰도 분석 및 구성 타당도 확인 위한 확인적 요인분석 3.자립생활서비스 이용 중증장애인의 사회참여에 대한 자립생활센터의 조직효과를 검증하기 위해 위계적 선형모형을 통한 다층분석	1. 사회참여에 대한 조직효과를 검증하기 위한 위계적 선형모형의 타당성 입증 2. 고용, 주관적 건강상태, 개인내적 역량강화 및 신체적 기능이 사회참여에 영향 미침, 고용여부를 제외한 나머지 모든 개인요인과 센터이용 중증장애인의 사회참여에 미치는 영향이 센터에 따라 차이 발생 3. 센터의 조직요인이 중증장애인의 사회참여에 미치는 영향을 분석한 결과 정기적 수입비율, 비장애 직원의 이직률, 지역사회 사회복지관과의 협력하는 개수, 권익옹호 서비스 등의 정도가 사회참여에 영향을 미침 4. 센터소장의 리더십 수준과 권익옹호 실인원의 상호작용효과가 검증됨
2009	박승희	장애인공동생활가정 종사자의 연수교육 내용 개발을 위한 요구 분석	설문조사	서울시 그룹홈지원센터 산하 장애인공동생활가정 종사자 101명(남6, 5.9%, 여96, 94.1%)	서울시 그룹홈지원센터 산하 101개 장애인공동생활가정의 종사자 101명	시설종사자	기술통계, t검정, 일원분산분석	장애인공동생활가정 종사자들은 모든 영역에 대해 전반적으로 높은 교육의 필요성을 나타냄. 특히 장애인의 문제행동 지원 방법, 개별화 프로그램 계획 및 지역사회 자원 활용 방안 등에 대한 교육에 높은 요구를 보임. 종사자의 배경변인에 따른 연수교육 요구에 유의미한 차이는 없었음
2009	이경준	자립생활센터 근무 장애인의 직무환경에 따른 직무만족도 차이 연구	설문조사	장애인자립생활센터에서 6개월 이상 근무한 장애인근로자 64명(남54, 84.4%,여10, 15.6%), 55세 미만	장애인자립생활센터에서 6개월 이상 근무한 장애인근로자 64명	장애인근로자	기술통계, t검정, 일원분산분석	직무환경에 따른 직무만족도는 비교적 높은 상호연관성을 갖고 있음. 특히, 직무시간이 40시간 이하와 60시간 이상에서 직무만족도는 높게 나타남. 급여수준이 60만 원 이하에서 직무만족도는 높게 나타남. 따라서 중증장애인의 자립생활센터 내 직무 만족도를 높이기 위해서는 단순한 근로시간의 연장이나 직무환경 개선보다는 장애인지적 접근이 필요한 것으로 나타남. 즉, 최소한의 생활안정을 위한기본 급여 수준에 대한 고려와 근무 기회의 확대, 장애유형에 따른 연령별 가족구성을 고려한 개인별 능력을 직무환경에 반영할 수 있는 여건 조성이 요구됨
2009	이익섭	장애인의 역량강화에 대한 자립생활센터의 조직효과 연구	설문조사(우편 및 전화)	자립생활센터 소장(10명), 자립생활서비스 이용 장애인(231명)(남129, 55.8%, 여99, 42.9%) 연령은 10대~70대	2006년 보건복지부 시범사업대상인 10개 자립생활센터 대상	지체장애(136,60.4%), 뇌병변(75,33.3%), 기타장애14,6.2%)	기술통계, 위계적 선형모형	장애인의 역량강화가 10개 자립생활센터마다 차이가 있으며, 개인요인 중 성별, 학력, 장애정도, 서비스 이용량이 역량강화에 영향을 미치는 것으로 나타남
2009	심석순	장애인 자립생활센터 평가도구개발과 활용방안에 관한 연구	설문조사 및 면접조사	자립생활센터 종사자 76명	2007년 전국 37개소 자립생활센터 종사자	시설종사자	기술통계, CESSI 평가도구 논리모델 활용하여 투입-과정-산출 분석을 통한 센터 평가, 면접	본 연구에서 개발한 장애인 자립생활센터 평가도구는 논리모델을 근간으로 하는 미국의 CESSI의 평가도구와 국내의 사회복지시설평가도구와 자립생활센터운영 연구보고서 그리고 센터 실무자를 대상으로 한 설문조사와 면접조사를 종합하여 최종 포커스그룹과의 평가지표 항목 조정 및 배점부여를 통해 개발됨

〈부록 1〉 학술지에 등재된 주거관련 논문(계속)

연도	저자명	논문명	문헌종류	연구대상(성별, 나이)	장소(시설, 자립홈, 공동생활가정),	장애	연구방법 (연구방법+통계기법)	연구결과
2010	김미옥	거주시설 성인 지적장애인의 일상에 관한 연구	관찰-기록(생활시간조사방법)	성인지적장애인 56명 (남24, 42.9%, 여32, 57.1%)	장애거주시설	성인지적장애인	생활재활교사와 사회복지사가 함께 일상생활활동을 관찰기록(빈도분석)	장애정도에 따라 경증장애인일수록 비장애인의 일상생활과 유사성이 높음을 알 수 있었으며, 비장애인과 다른 특이행동(전체 활동의 14%)으로는 손톱을 물어뜯거나 혼자 말을 하는 등의 행동 45.9%, 건강관련행동 25.3%, 섭식관련행동 11.2% 등으로 관찰되었음. 생활재활교사의 중재행동은 일상생활활동 전체 중 약 33.4%인 것으로 나타났으며, 최중증으로 갈수록 중재행동의 비율이 높아지는 것으로 나타남. 거주시설 장애인에게 가장 큰 영향을 미치는 것으로 논의되는 생활 재활교사와의 상호작용 활동은 약 39.7%로 나타났으며, 이 중 언어적 상호작용은 65.5%, 기타상호작용은 34.5%로 조사됨. 언어적 상호작용의 패턴으로는 지시적 발언이 76.0%로 이 중 지도나 지시의 비율이 가장 높았으며, 이는 최중증으로 갈수록 더 많은 것으로 나타났음. 비지시적 발언은 24.0%로, 질문, 느낌을 받아들이는 것, 칭찬 혹은 권장의 순으로 조사되었음. 기타 상호작용으로는 신체적 도움 제공이 46.2%로 가장 높았으며, 함께하는 활동은 12.1%에 불과하였음
2010	김영숙	장애인의 삶의 질 향상을 위한 생활시설의 실태와 주거환경지원방안	문헌연구 (opinion)	해당없음	생활시설실태 및 주거환경지원방안	해당없음	해당없음	장애인들이 사회구성원으로서 자립적인 생활권을 보장하고 삶의 질을 영위할 수 있는 주거환경지원이 필요하며, 이를 위해서는 장애인 생활시설이 단순히 '수용'이나 '보호'하는 수준에서 벗어나, 생활시설이 내포하고 있는 다양한 문제점을 극복함으로써 장애인의 삶의 질을 고려한 생활환경과 생활시설을 마련하여 지원하는 것이 요구됨
2010	김진우	장애에 대한 사회적모델과 자립생활모델에 대한 이론적 비교 연구	문헌연구	영국의 장애에 대한 사회적 모델, 미국의 자립생활모델 비교	해당없음	해당없음	해당없음	사회적 모델은 장애에 대한 경제적 접근에서 문화적 재해석과 장애인의 개별적 삶까지 이해의 폭을 넓혀옴. 자립생활모델은 장애인이 살아가는 실존적 차원에서의 자립을 성취하기 위한 물리적 환경과 서비스 구조를 바꾸는 것에서부터 전달 체계 마련, 전국적인 법 제도의 변화에까지 포괄하게 됨. 이들은 장애인 당사자의 주체성을 강조한 반면, 지적장애인에 대해서는 상대적으로 무관심했음. 국내 정착을 위해 이들에 대한 보다 깊은 이해가 필요함
2010	김진우	장애인생활시설 내 차별발생 책임소재에 관한 탐색적 연구	문헌연구(탐색적 연구)	해당없음	장애인생활시설	해당없음	탐색적 연구	장애인 생활시설에서의 차별제거 책임을 명확하게 하기 위해서 시설, 행정관청, 이용자 간의 관계를 명확하게 할 필요가 있으며, 검토 결과 시설 내 차별적 요소를 지니는 인프라 및 시설운영구조에 대한 궁극적인 법적 책임은 행정관청에 있음
2010	김봉선	장애인 자립생활운동에 나타난 임파워먼트 과정 연구	문헌연구 및 질적 사례연구(면담)	의도적 표집, 눈덩이 표집으로 자립생활운동에 참여했던 8명 선정(남7, 여1)	자립생활센터	장애7(지체5, 뇌병변2), 비장애1	심층면접	장애인 개인에게 나타난 임파워먼트가 정책결정과정 등에 직접적으로 영향을 미치는 과정. 〈1단계〉 '좌절', 갈 곳 없음을 인식, 〈2단계〉 '희망의 목격'을 통한 의식화, 〈3단계〉 의식화된 개인의 '집단화', 〈4단계〉 비공식 집단의 '조직화', 〈5단계〉 '따로 또 같이', 새로운 질서의 창조
2010	김행란	장애인생활시설 사회복지사의 정체성 형성과정 연구	심층면접조사	사회복지사 7명 (여6, 남1)(26~40세)	장애인생활시설	사회복지사	근거이론	연구결과 개방코딩에서 76개의 개념과 26개의 하위범주, 12개의 상위범주가 도출되었음. 축 코딩에서는 패러다임에 의한 범주 분석결과 인과적 조건은 '사회복지사의 길로 들어섬', 중심현상은 '열악한 현실에 처함', 맥락적 조건은 '사회적 인식', '자기 인식'이었음. 작용/상호작용 전략은 '노력함', '좌절함', '변화를 시도함'이었으며, 그 결과는 '체념함', '안주함', '주도적으로 살아감'으로 나타났음
2010	김용득	장애평가 기준과 장애인거주시설서비스 욕구	설문조사	성인장애인(만 18~64), 587사례, 모수는 가중치 부여 시 786,625명 (남 499,902, 여 286,723)	재가장애인(생활시설장애인 제외)	외부신체기능장애(73.9%), 내부기관장애(9.1%), 정신적 장애(17.0%)	기술통계	분석결과 단일 장애평가 기준과 복합적 평가 기준 모두에서 거주시설서비스를 필요로 하는 비율은 장애정도가 중증인 장애인이 현저히 높은 것으로 나타났으며, 이런 경향은 단기보호시설, 공동생활가정, 생활시설에서 동일하게 나타나고 있음

〈부록 1〉 학술지에 등재된 주거관련 논문(계속)

연도	저자명	논문명	문헌종류	연구대상(성별, 나이)	장소(시설, 자립홈, 공동생활가정),	장애	연구방법 (연구방법+통계기법)	연구결과
2010	박승탁	그룹홈 거주 지적장애인 자립생활 영향요인에 관한 연구	설문조사, 방문조사	경상남·북도와 대구·울산·부산광역시의 그룹홈에 거주하는 성인 지적장애인 90명	그룹홈	성인지적장애인		지적장애인의 자립생활 수준은 경제적 자립, 사회적 자립, 정신적 자립, 신체적 자립생활 순으로 나타났으며, 신체적 자립은 자립생활기술, 정신적 자립은 자립생활기술과 가족의 지지, 경제적 자립은 성별, 학력, 방개수, 거주기간, 자립생활기술, 사회적 자립에는 학력과 자립생활 기술이 영향을 미치는 것으로 나타났음. 장애등급, 교육수준, 경제수준이 신체적 자립, 정신적 자립, 경제적 자립, 사회적 자립에 영향을 미치는 것으로 나타났음.
2010	심석순	생활시설에서의 학대피해경험이 장애인의 자아존중감과 퇴소 후 사회참여에 미치는 영향	설문조사	18세 이상, 성인지체장애인 및 뇌병변장애인(남131, 63.6%, 여74, 36.1%)	조사 당시 지역사회에 거주하나 과거 생활시설 경험이 있는 사람들	지체(102, 49.8%), 뇌병변(103, 50.2%)	구조방정식 분석	1. 학대피해경험은 퇴소 후 사회참여에 부(-)적 영향을 미치는 것으로 나타났음 2. 학대피해경험은 자아존중감의 2요인 중 긍정적 자존감형성에는 부(-)적 영향을 그리고 부정적 자존감형성에는 정(+)적 영향을 미치는 것으로 나타났음 3. 자아존중감의 2요인 중 긍정적 자존감은 학대가 사회참여에 미치는 영향을 매개하는 것으로 나타났으며, 부정적 자존감은 매개하지 않는 것으로 나타났음
2010	이성용	장애청소년의 전환교육 및 서비스에 대한 학부모의 인식 및 요구	설문조사	장애학생 학부모(부21(21.6%), 모74(76.3%), 조부모2(2.1%)), 총 97명	재가	장애학생학부모(청각1, 정신지체58, 지체장애5, 정서행동장애3, 자폐성장애15, 학습장애2, 발달지체13)	기술통계, 부모의 변인들과 자녀의 변인들은 카이제곱검정	학교 전환교육에 대한 학부모의 인식 및 요구, 개별화 전환교육계획에 대한 학부모의 인식 및 요구, 사회로의 전환에 대한 학부모의 인식 및 요구를 중심으로 분석되었음
2011	박선아	성인 지적장애인의 자립생활능력 평가척도 개발 연구	척도개발연구	성인 지적장애 341부	전국 성인지적장애인 대상 그룹홈, 생활시설, 주간보호센터, 복지관 직업재활시설	성인 지적장애	델파이 조사, 설문조사, 탐색적 요인분석, 확인적 요인분석	성인 지적장애인의 자립생활능력 평가척도로 7개 요인, 26개 하위요인, 총 103개 문항으로 타당성과 신뢰도가 검증된 평가도구가 개발됨
2011	유동철	장애인 생활시설의 주거권 확보에 대한 장애인차별금지법의 함의	문헌연구	해당없음	장애인생활시설	해당없음	해당없음	생활시설이 주거공간으로 인식되어야 하며, 이를 위해 주거권의 기본원칙을 정리하고, 장애인차별금지법상의 정당한 편의의 개념을 도입해야 하며 장애인의 주거권 확보를 위해서는 장애인의 특수성이 반영되어야 함
2011	김경애	사회적 기술 훈련 프로그램이 시설거주 지적장애 학생의 사회적 적응 행동과 반사회적 행동에 미치는 효과	중재연구	특수학교 재학중인 시설거주 지적장애학생 24명을 각각 통제12, 실험12로 나눔	시설거주	지적장애	사전사후 t검정	사회적 기술 훈련 프로그램을 적용받은 시설거주 학생은 사회적 적응 행동이 향상되고 반사회적 행동이 감소함
2011	박진영	자립홈 지적장애인의 자립생활 경험에 관한 질적연구	심층면접조사	지적장애 7명(남2, 여5), 28~42세	자립홈	지적장애(7)	현상학적 연구방법	자립홈에서의 지적장애인의 거주 경험을 분석함으로써 탈시설 요구를 적극 수용하고 지적장애인의 자립생활 정도를 높이는 것에 도움을 주는 실천적인 지침을 제공할 수 있을 것임

〈부록 1〉 학술지에 등재된 주거관련 논문(계속)

연도	저자명	논문명	문헌종류	연구대상(성별, 나이)	장소(시설, 자립홈, 공동생활가정),	장애	연구방법 (연구방법+통계기법)	연구결과
2011	전지혜	중증장애인 종사자의 자립생활센터 종사경험에 관한 연구	심층면접조사 (포커스그룹+개별면담)	자립생활센터 종사자 8명 (남5, 여3)	자립생활센터	중증장애 대상 자립생활센터 종사자	포커스면담, 개별면담	중증장애인들의 자립생활센터 종사경험은 장애정체감을 찾아감과 계속되는 사회적 불리와 고립을 경험함으로 범주화됨. 중증장애인 종사자들은 개인적인 차원에서는 당당한 자신을 찾게 되고, 장애인 당사자로서 지역사회와 장애인들을 위해 일하는 것에 자부심을 가짐. 그러나 자립생활센터를 둘러싼 환경변화에 대해서는 낮은 임금이나 근로지원부족 등으로 직무환경에 불만을 갖고 있고, 지역기관들의 비협조와 지역장애인들의 센터에 대한 무지로 인하여 답답해 함. 특히, 실적위주의 경쟁적인 분위기 속에서 중증장애인들은 점차 센터 내에서 밀려나는 불안감을 호소함
2011	심석순	생활시설 퇴소장애인의 자립생활에 영향을 미치는 요인	설문조사	18세 이상 성인 지체장애인, 뇌병변장애인 135명 (남88, 65.2%, 여47, 34.8%)	장애인 생활시설(장애인 생활시설에서 거주 경험이 5년 이내에 있는 장애인)	성인 지체장애, 뇌병변	기술통계, 위계적 중다회귀모형	첫째, 성별, 결혼 유무, 장애수용, 직원과의 연락빈도 등이 전체자립생활에 영향. 둘째, 자립생활 하위요인별로는 결혼유무는 신체적 자립생활에 그리고 성별, 결혼유무, 장애수용과 자존감, 퇴소 후 직원과의 연락빈도 등은 심리적 자립과 사회적 자립에 공통으로 영향. 직업유무와 시설에서의 직업교육유무는 경제적 자립에만 영향
2012	박선아	성인 지적장애인의 자립생활능력 평가척도 영향 변인 및 규준 연구	규준개발연구 (설문조사)	시설거주 성인 지적장애인 329명 (남175, 54%, 여149, 46%)	장애인 거주시설	지적장애	기술통계, t검정, 분산분석, 중다회귀분석	연구결과 평가결과에 영향을 주는 변인은 장애인 나이, 장애등급, 시설구분으로 나타남. 장애등급에 따른 자립생활능력의 분할점수는 1급과 2급은 187점, 2급과 3급은 392점으로 분석됨. 분할점수를 기준으로 산출한 집단의 중앙값은 1급 152점, 2급 278점, 3급 429점이며, 3개의 중앙치로 NAEP 성취단계인 훈련기초미달, 훈련기초, 훈련숙달, 훈련수월의 성취수준을 제시함
2012	이성하	발달장애인의 중등교육이후 전환프로그램 모형 개발 연구	모형개발연구	포커스그룹 인터뷰 8명(남4, 여4)	불분명	발달장애	포커스그룹 인터뷰, 델파이 조사, 기술통계	중등 이후 발달장애인 전환프로그램 구성요인은 운영구성요인, 프로그램요인으로 구성되는데 이에 따라 모형을 제시함
2012	박은송	중도·중복장애인의 자립생활 지원을 통한 지역사회 통합 방안	문헌연구 (opinion)	해당없음	해당없음	중도중복장애	해당없음	중도·중복장애학생이 고등학교를 졸업한 후에 자립적으로 생활해 낼 수 있도록 장애인의 교육, 재활을 담당하는 유관 기관들 간의 유기적 협력을 꾀하여 성공적인 사회적 통합을 해 나갈 수 있도록 교육과 복지가 연계된 지원방안을 모색
2012	김경희	지적장애인 인권침해사건 해결과정에서의 딜레마에 관한 질적 사례연구	사례연구 (질적사례연구)	장애인(인권침해사건 속), 기관장, 인권위원장, 부인권위원장, 직원인권위원장, 생활재활교사	장애인 거주시설	지적장애	사례연구	연구결과, 이용자 차원에서는 지적장애의 특성에 따른 자기진술능력, 자기행위 책임성과 관련된 딜레마가 도출됨. 직원 차원에서는 정당방어의 범위, 이용자 폭력의 대처방안 부재, 동료고발에 대한 갈등과 관련된 딜레마가 도출됨. 기관 차원에서는 이용자 대 직원 권리보장, 개인적 돌봄 대 공동생활의 특성이 딜레마로 도출됨
2012	백은령	장애인 그룹홈 거주자의 정주감과 주거환경개선 욕구에 관한 연구	면접조사(포커스그룹인터뷰)	장애인 그룹홈 거주자 5명, 사회재활교사 5명	장애인 그룹홈	지적장애	포커스그룹 인터뷰	분석된 네 가지 범주와 하위 범주를 구체적으로 살펴보면 그룹홈에 대한 정주감 차이요인(원가정/무연고 요인, 그룹홈의 의미, 독립의지 및 준비, 그룹홈 내 관계), 그룹홈을 '집'으로 느끼는 데 방해 또는 도움이 되는 환경요소(방해요소, 도움요소), 거주자 중심의 주거환경 개선 필요 사항 및 한계(독립성 보장을 위해 개별 공간 확보, 장애를 고려한 생활기구 설치, 위험 및 주거불편요소 개선, 독립 공간 사용), 거주자 자립에 영향을 미치는 요인(교사공간, 보호와 관리 대 자립훈련의 딜레마) 등이었음
2012	감정기	거주시설 장애인의 탈시설 인식 및 지원욕구에 관한 연구	설문조사(방문전수조사)	경남 장애인 거주시설 거주 장애인 652명(남374, 57.4%, 여278, 42.6%)	장애인 거주시설	신체(155), 정신(477)	기술통계	거주인들은 탈시설 및 자립생활에 대해 강한 기대를 가진 반면, 관련 정보는 부족하며 저축 외에 특별히 준비하고 있는 바는 없음. 또한 탈시설 자립생활을 위해 필요한 지원으로 주거지원, 생활비 보조, 일자리 알선 등을 지목함. 탈시설에 대한 거주인의 욕구가 시설 서비스에 대한 이들의 인식과 연관되어 있음도 확인됨

〈부록 1〉 학술지에 등재된 주거관련 논문(계속)

연도	저자명	논문명	문헌종류	연구대상(성별, 나이)	장소(시설, 자립홈, 공동생활가정),	장애	연구방법 (연구방법+통계기법)	연구결과
2012	김미옥	사회복지사의 지적장애인 서비스과정 참여에 관한 인식 연구 -장애인거주시설 내의 참여를 중심으로 한 IPA 분석-	설문조사	장애인 거주시설 내 사회복지사 653명(남198, 30.3%, 여455, 69.7%)	장애인 거주시설	사회복지사	기술통계, t검정, IPA 분석방법	사회복지사들은 전반적으로 지적장애인들의 참여의 중요도를 높게 인식한 반면 실행도는 낮은 것으로 인식함. 이는 사회복지사들의 장애인 거주 시설 내 서비스 과정에서의 지적장애인 참여에 대한 인식 정도를 보여주는 것임
2012	김진우	장애인 거주시설 종사자의 직무분석에 따른 인력배치에 관한 연구	설문조사	장애인 거주시설 직원(214명)	장애인 거주시설	장애인 거주시설 직원	기술통계	시설종사자들은 평균 179.92분을 근무하는 것으로 나타났는데, 이는 연간 210일을 근무한다고 가정할 때, 하루 평균 14.28시간 근무, 6.28시간의 초과근무를 하는 것으로 표준근무시간 40시간 대비 주 31시간 이상 초과근무하는 것임. 이는 기관의 직원 1명이 1.79명분 시간의 근무를 하고 있다는 것을 의미하는 것으로 현재보다 79%의 인력이 더 필요함. 그중에서도 특히 생활재활분야 종사자가 근무시간이 긴 것으로 조사됨. 평균 15.63시간 근무, 7.63시간의 초과 근무하는 것으로 표준근무시간 40시간 대비 주 38.2시간 초과근무하며, 이는 현재 인력보다 약 2배(1.95배)의 인력이 투입되어야 한다는 것을 의미함
2012	이복실	생활시설 성인 지적장애인의 자기결정에 영향을 미치는 요인	설문조사	생활시설 거주 성인 지적장애인 219명(남성101, 46.1%, 여성118, 53.9%)	장애인 생활시설	지적장애 성인	기술통계, 위계적 다층회귀분석	지적장애인들이 실제로 자기결정을 할 수 있는 기회를 많이 가질수록, 직원과의 관계를 이용자 중심으로 생각할수록, 시설의 위치가 도심에 가까울수록, 적응행동의 수준이 높을수록, 자기결정의 개념에 대해서 이해할수록, 시설의 규모가 작을수록 거주하는 지적장애인의 자기결정 수준이 높음
2012	황석웅	지적장애인의 자립생활기술교육이 자립생활에 미치는 영향 요인- 자기결정권의 매개효과를 중심으로-	설문조사	지적장애인 100명(남자77, 여자23), 전 연령	불분명	지적장애	기술통계, 구조방정식	첫째, 자립생활교육이 자기결정권에 유의미한 효과. 둘째, 자립생활기술교육은 자립생활의 하위요인별 신체적 자립, 사회적 자립에 유의미한 효과. 셋째, 정신적 자립과 경제적 자립에 있어서 자기결정권은 완전매개효과가 있음

〈부록 2〉 발달장애인 자립역량강화 설문지

본 설문은 지적(발달)장애인의 자립생활 증진을 위한 역량탐색 및 주거로서의 해결과제를 조사하기 위한 것입니다. 이를 통하여 그룹홈에 거주하고 있는 지적(발달)장애인들의 독립적인 삶을 증진시키고, 이들에게 필요한 지원 및 그룹홈이 나아가야 할 방향에 대하여 제시하고자 합니다. 이 설문지를 잘 읽어 본 후, 여러분의 생각을 잘 대변하는 항목에 √표를 하여 주십시오.

모든 질문은 정답이 없으니, 내용을 잘 읽고 솔직하고 성실하게 대답해 주십시오. 이 설문지를 통해 조사된 자료는 연구를 위한 것으로서, 여러분의 개인정보 및 답변은 통계법 33조에 따라 보장되며 다른 용도로는 사용하지 않을 것을 약속드립니다. 감사합니다.

본 연구는 아산사회복지재단의 지원을 받아 수행되는 연구입니다.

※ 본 조사에 대한 문의사항은 다음 연락처로 해 주시기 바랍니다.

■ 담당자: 김라경
연락처: 000-0000 이메일: rahkim@gnue.ac.kr / rahkyungkim@gmail.com
우편: 광주광역시 북구 풍향동 필문대로 광주교육대학교 연진관 교육학과(특수 · 통합심화) 김라경 교수

적극적으로 참여해주셔서 진심으로 감사드립니다.

다음은 연구 참여 수당 지급을 위한 개인정보입니다. 설문에 참여해주신 여러분들에게 2만 원씩 참여수당이 지급됩니다. 참여 후 1주일 이내로 입금되지 않을 경우에는 반드시 담당자에게 연락을 주시기 바랍니다.

응답자 성함:

근무지 주소:

주민등록번호(앞부분):

은행명 및 계좌번호:

다음은 귀하의 일반적인 사항입니다. 해당사항에 √표 하거나 내용을 적어주십시오.

(1) 성 별	__① 남성 __② 여성
(2) 연 령	__① 20대 __② 30대 __③ 40대 __④ 50대 __⑤ 60대 이상
(3) 자격증소유	__① 사회복지사 __② 간호사 __③ 보육사 __④ 특수교사 __⑤ 기타 __⑥ 없음
(4) 직업(직위)	
(5) 현 기관 근무 연수	__① 1년 이상~3년 미만 __② 3년 이상~5년 미만 __③ 5년 이상~10년 미만 __④ 10년 이상
(6) 장애인지도/경험/ 담당 연수?	__① 1년 이상~2년 미만 __② 2년 이상~3년 미만 __③ 3년 이상~4년 미만 __④ 4년 이상~5년 미만 __⑤ 5년 이상~10년 미만 __⑥ 10년 이상
(7) 현재 근무하는 공동생활가정의 형태	__① 거주형 공동생활가정 __② 훈련형 공동생활가정(거주형 입소가 당장 힘들거나 유보된 장애인들에게 훈련을 통하여 능력을 향상시키기 위한 거주형의 전 단계) __③ 순회지도형 공동생활가정 __④ 기타(구체적으로 기입 바랍니다) ________________

다음은 현재 그룹홈 이용자의 일반적인 사항입니다. 해당사항에 √표 하거나 적어주십시오.

(1) 현재 그룹홈 이용자 수	① 남성 _명 ② 여성 _명
(2) 이들 중 과거 시설 이용 경험이 있는 이용자 수	___ 명
(3) 연 령	① 20대 _명　② 30대 _명　③ 40대 _명 ④ 50대 _명　⑤ 60대 이상 _명
(4) 현재 입소한 장애인들의 장애정도 (중복표시가능)	_① 도움이 없이는 일상생활이 전혀 불가능한 자 _② 일부 도움으로 일상생활이 가능한 자 _③ 대부분의 도움으로 일상생활이 가능한 자 _④ 도움이 없이 일상생활이 독립적으로 가능한 자
(5) 현재 이용자들이 제공받는 교육 훈련 프로그램 (중복표시가능)	_① 신변자립 및 일상생활훈련 _② 사회적응훈련 _③ 직업재활훈련 _④ 취미활동지원 _⑤ 기타(구체적으로 기입 바랍니다) __________________
(6) 현재 이용자의 취업가능성 여부 (중복표시가능)	_① 훈련이나 교육을 통하여 중단기 시간 내 일반고용이 가능한 자 _② 시간적 여유를 가지고 집중 훈련을 실시하거나 보호고용을 통해서라도 취업이 가능한 자 _③ 취업여부 및 가능성이 전혀 없음

다음은 선생님의 일반적인 의견을 묻는 질문입니다.

1. 발달장애인의 노화로 인해 기능이 급격히 감소한다고 생각하는 시기는?

__① 30대 초반 __② 40대 초반 __③ 50대 초반 __④ 60대 초반
__⑤ 30대 중반 __⑥ 40대 중반 __⑦ 50대 중반 __⑧ 60대 중반
__⑨ 30대 후반 __⑩ 40대 후반 __⑪ 50대 후반 __⑫ 60대 후반

2. 귀하가 생각하는 공동생활가정에 입주해도 괜찮다고 여기는 장애인들의 바람직한 장애정도는?

__① 도움이 없이는 일상생활이 전혀 불가능한 자
__② 일부 도움으로 일상생활이 가능한 자
__③ 대부분의 도움으로 일상생활이 가능한 자
__④ 도움이 없이 일상생활이 독립적으로 가능한 자

3. 이용자의 취업가능성 여부를 어느 정도 반영하여야 하는가?

__① 훈련이나 교육을 통하여 중단기 시간 내 일반고용이 가능한 자
__② 시간적 여유를 가지고 집중 훈련을 실시하거나 보호고용을 통해서라도 취업이 가능한 자
__③ 취업여부 및 가능성이 전혀 없음

4. 현재 근무하는 그룹홈 이용자들이 반드시 필요로 하다고 생각하는 평균적인 재택 서비스 지원 시간(개인위생과 가정생활, 자기인식, 자기관리를 모두 포함)은 어느 정도입니까?

__① 매일 24시간(주당 7일 모두) __② 주당 40시간 이상
__③ 주당 20시간 이상 40시간 미만 __④ 주당 20시간 미만

5. 현재 근무하는 그룹홈 이용자들에게 실질적으로 지원하는 재택 서비스 지원 시간(개인위생과 가정생활, 자기인식, 자기관리를 모두 포함)은 어느 정도입니까?

__① 매일 24시간(주당 7일 모두) __② 주당 40시간 이상
__③ 주당 20시간 이상 40시간 미만 __④ 주당 20시간 미만

6. 현재 근무하는 그룹홈에서 대중교통을 이용할 수 있는 곳은 얼마나 멀리 떨어져 있나요?

__① 도보로 5분 미만 __② 도보로 5분~10분
__③ 도보로 10분~20분 __④ 도보로 20분-30분
__⑤ 도보로 30분 이상

7. 그룹홈 이용자들이 가장 자주 이용하는 교통수단을 하나만 골라 주세요.

__① 기관자동차/버스 __② 자전거 __③ 지하철
__④ 버스 __⑤ 기타(구체적으로)____________________

8. 그룹홈 이용자들이 중도에 퇴소하는(생활지도사로부터 퇴소를 권유받거나 스스로 퇴소를 결정하는) 주된 이유는 무엇입니까?

① ____

② ____

③ ____

다음은 그룹홈 발달장애인들의 **지역사회 내 자원 이용정도**를 물어보는 **두 가지** 질문입니다. 그룹홈 생활에 있어 (1) 필수 활동이라고 생각하는 항목과 (2) 해당빈도에 √표시를 해주세요.

	그룹홈 생활에 필수 활동이라 생각한다 V	이용 빈도				
		매우 자주이용 한다(주1회)	자주 한다 (2주1회)	가끔 이용한다 (월 1회)	거의 이용하지 않는다 (1년 1-3회)	전혀 이용하지 않는다
식당 1. 앉아서 먹는 식당(주문을 받는 곳)		①	②	③	④	⑤
2. 패스트 푸드점(맥도날드, 롯데리아, KFC 등 직접 주문을 하는 곳)		①	②	③	④	⑤
3. 술집		①	②	③	④	⑤
4. 커피숍		①	②	③	④	⑤
5. 배달음식(중국집 등)		①	②	③	④	⑤
가게/상점 1. 편의점		①	②	③	④	⑤
2. 마트/시장		①	②	③	④	⑤
3. 백화점		①	②	③	④	⑤
4. 의류가게(옷/신발)		①	②	③	④	⑤
5. 화장품		①	②	③	④	⑤
서비스 업체 1. 세탁소/빨래방		①	②	③	④	⑤
2. 우체국		①	②	③	④	⑤
3. 은행		①	②	③	④	⑤
4. 이발소/미용실		①	②	③	④	⑤
5. 의료서비스(병원, 치과, 보건소 등)		①	②	③	④	⑤
6. 약국		①	②	③	④	⑤
7. 복지관		①	②	③	④	⑤
8. 극장/영화관람		①	②	③	④	⑤
기타 1. 종교기관(성당, 교회, 절 등)		①	②	③	④	⑤
2. 봉사기관(자원봉사를 함)		①	②	③	④	⑤
3. 공원		①	②	③	④	⑤
4. 노래방		①	②	③	④	⑤
5. 체육센터		①	②	③	④	⑤

다음에 제시된 가정생활 및 안전생활 관련 기술들 중 그룹홈 내에서 생활하기 위하여 필요한 필수기술이라고 생각하는 항목에 **√표**를 해 주세요. 또한 그룹홈 생활을 위하여 다음 기술들을 **어느 정도 독립적**으로 수행할 수 있어야 한다고 생각하십니까?

	그룹홈 생활에 필수기술이라 생각한다 V	독립적 생활정도			
		모든 단계에서 독립적으로 수행해야 한다	대부분 단계에서 독립적으로 수행해야 한다	일부 단계는 독립적으로 참여해야 한다	모든 단계에서 도움이 필요해도 된다
몸차림 및 개인위생관리 1. 용변기 사용		①	②	③	④
2. 세수하기/닦기		①	②	③	④
3. 손 씻기/닦기		①	②	③	④
4. 양치질		①	②	③	④
5. 목욕/샤워		①	②	③	④
6. 머리 빗질/머리정돈		①	②	③	④
7. 외관관리(예. 면도, 콧물 닦기)		①	②	③	④
8. 생리관리		①	②	③	④
식사 중 행동 1. 올바로 마시기(예. 흘리지 않기)		①	②	③	④
2. 올바로 먹기(예. 꼭꼭 씹기)		①	②	③	④
3. 수저사용		①	②	③	④
식사 준비 1. 메뉴 계획하기		①	②	③	④
2. 식사 준비(밥, 국, 반찬)		①	②	③	④
3. 조리기기/도구 활용(예. 전기밥솥 활용)		①	②	③	④
4. 식탁 차리기		①	②	③	④
5. 음식 내어오기		①	②	③	④
식사 후 정리 1. 설거지하기		①	②	③	④
2. 식기건조 후 정리		①	②	③	④
3. 남은 음식 보관		①	②	③	④
의복 관리 및 사용 1. 세탁기 사용하기		①	②	③	④
2. 빨래 건조시키기		①	②	③	④
3. 옷장/서랍에 옷 정리		①	②	③	④
4. 옷 입기/옷 벗기		①	②	③	④
5. 적절한 옷 선택하기		①	②	③	④
집 관리 1. 쓰레기 버리기		①	②	③	④
2. 재활용 분리하기		①	②	③	④
3. 진공청소기 사용하기		①	②	③	④
4. 빗질/걸레질		①	②	③	④
5. 자신이 사용하는 방관리		①	②	③	④
6. 공동생활 구역 관리(화장실, 거실 등)		①	②	③	④
7. 관리비/집세 내기		①	②	③	④
8. 집 보수 및 수리하기(도움 요청하기)		①	②	③	④
건강 · 안전생활 1. 자신의 약을 알고 관리하기		①	②	③	④
2. 기초적 응급처치 하기		①	②	③	④
3. 아프거나 다쳤을 때 타인에게 알리기		①	②	③	④
4. 비상사태 시 전화를 사용하기(119 등)		①	②	③	④
5. 먹을 수 있는 것과 없는 것 구별하기		①	②	③	④
6. 안전하게 길 건너기		①	②	③	④
7. 안전하게 가전도구 사용하기		①	②	③	④
8. 안전하게 가스 안전밸브 사용		①	②	③	④
9. 문단속하기(예. 열쇠사용)		①	②	③	④
10. 낯선 사람에 대한 적절한 경계		①	②	③	④

다음 선택기술, 자기인식, 자기관리 능력에 대한 항목들 중 그룹홈 내에 생활하기 위하여 필요한 필수기술은 무엇인가요? 필수기술이라고 생각하는 항목에 √표를 해 주세요. 또한 그룹홈 생활을 위해 다음 기술이 **어느 정도 중요하다**고 생각하십니까?

	그룹홈 생활 필수기술이라 생각한다 V	기술의 중요도				
		매우 중요하다	조금 중요하다	보통이다	거의 중요하지 않다	전혀 중요하지 않다
선택기술 1. 자신이 좋아하는 메뉴를 선택하기(예. 음식, 간식)		①	②	③	④	⑤
2. 좋아하는 스타일 선택하기(예. 옷차림, 헤어스타일)		①	②	③	④	⑤
3. 타인을 위해 선물 선택(예. 생일 선물 고르기)		①	②	③	④	⑤
나에 대한 기본정보 알기 1. 집 전화번호 말하기		①	②	③	④	⑤
2. 집 주소 말하기		①	②	③	④	⑤
3. 부모님(보호자) 핸드폰번호 알기		①	②	③	④	⑤
4. 자신의 생년월일 말하기		①	②	③	④	⑤
5. 자신의 장애유형과 등급 말하기		①	②	③	④	⑤
나의 장·단점 알기 1. 자신의 성격의 장점알기		①	②	③	④	⑤
2. 자신의 성격의 단점알기		①	②	③	④	⑤
자기감정 이해하기 1. 자신이 언제 기분이 나빠지는지 말하기		①	②	③	④	⑤
2. 자신이 언제 슬픈 기분이 드는지 말하기		①	②	③	④	⑤
3. 자신이 언제 기분이 좋아지는지 말하기		①	②	③	④	⑤
4. 자신이 언제 화가 나는지 말하기		①	②	③	④	⑤
주변인물 감정 이해하기 1. 가족(친구)이 언제 기분이 나빠지는지 알기		①	②	③	④	⑤
2. 가족(친구)이 언제 기분이 좋아지는지 알기		①	②	③	④	⑤
자신의 미래 고민하기 1. 부모님이 돌아가시고 누구와 살지 말하기		①	②	③	④	⑤
2. 직업(진로)으로 하고 싶은 일이 무엇인지 말하기		①	②	③	④	⑤
자기 생각 말하기 1. 현재 이용하고 있는 기관에 대한 자기생각 말하기		①	②	③	④	⑤
2. 새롭게 이용하고 싶은 기관/서비스에 대한 자기 생각 말하기		①	②	③	④	⑤
거절하기 1. 자신이 하지 못하는 일에 대하여 거절의사 표현하기		①	②	③	④	⑤
2. 자신이 하고 싶지 않는 일에 대하여 거절 의사 표현하기		①	②	③	④	⑤
공격적 상황에 대한 대응 1. 타인이 나를 때리려고 할 때 자신을 보호하기 위한 행동 알기		①	②	③	④	⑤
2. 타인이 나에게 욕을 할 때 자신을 보호하기 위한 행동 알기		①	②	③	④	⑤
금전관리 1. 은행구좌를 관리하기		①	②	③	④	⑤
2. 저축하기		①	②	③	④	⑤
3. 물건사기		①	②	③	④	⑤
4. 거스름돈 받기		①	②	③	④	⑤
5. 영수증 챙기기		①	②	③	④	⑤
시간관리		①	②	③	④	⑤
1. 시간표계획하기		①	②	③	④	⑤
2. 약속시간에 늦지 않기		①	②	③	④	⑤
3. 여가시간 활용하기		①	②	③	④	⑤
교우관계 1. 전화를 사용하여 관계 유지하기		①	②	③	④	⑤
2. 친구나 동료를 초대하기		①	②	③	④	⑤
3. 친구나 동료 집에 놀러가기		①	②	③	④	⑤

다음은 그룹홈에 필요한 지원에 대한 여러분의 의견입니다. **가능한 한 빠지지 않고 다양한 의견을 자세히 기술 부탁드립니다.**

1. 장애인 그룹홈이 주말까지 보장이 되면서 가정과 같은 영구적 주거로서 역할을 못하게 방해하는 요인은 무엇이라고 생각하십니까?

① ______________________________

____

② ______________________________

____

③ ______________________________

____

2. 장애인 그룹홈이 주말까지 보장이 되는 영구적인 주거로서의 역할을 위하여 필요한 지원은 무엇이라고 생각하십니까?

① ______________________________

____

② ______________________________

____

③ ______________________________

____

3. 현재 성공적으로 장애인 그룹홈에 살고 있는 발달장애인이 궁극적으로 독립하기 위하여 앞으로 필요한 지원은 무엇이라고 생각하십니까?

① ______________________________

____

② ______________________________

____

③ ______________________________

____

아 | 산 | 재 | 단 | 연 | 구 | 총 | 서

1 전환기의 중국경제
김윤환 외 | 단국대 경제학과

2 폴란드 경제의 변천 개혁과 그 전망
김광수 | 숭실대 경제학과

3 재소한인
이광규 외 | 서울대 인류학과

4 소련산림과 임업
홍성천 외 | 경북대 임학과

5 아세안의 정치경제
김국진 외 | 외교안보연구원

6 태국의 사회변동과 경제발전
최석만 외 | 전남대 사회학과

7 중국의 사회경제 통계분석
신한풍 외 | 고려대 통계학과

8 중국의 정치와 경제
박두복 외 | 외교안보연구원

9 동유럽의 개혁과 시장경제의 도입
허만 외 | 부산대 사범대학

10 동유럽의 개혁운동
박영신 | 연세대 사회학과

11 현대 러시아 연구
기연수 외 | 한국외대 노어과

12 전략적 선택과 기업의 국제경쟁력
이장호 | 서강대 경영대학

13 협동사회의 정착과 정부의 역할
이종범 외 | 고려대 행정학과

14 한국 제조기업 생산성의 동적 분석
노부호 외 | 중앙대 경영대학

15 분배의 정의
변형윤 외 | 서울대 경제학과

16 도덕적 행동의 강화
이훈구 외 | 연세대 심리학과

17 관료부패와 통제
김해동 외 | 서울대 행정대학원

18 한국경제의 내실 있는 성장
정창영 외 | 연세대 경제학과

19 한국국민정신운동의 역사와 발전방향
박수명 외 | 부산대 사범대학

20 한국대학생의 가치성향과 상담효과
이영희 외 | 숙명여대 교육학과

21 가출청소년과 학교관리체제
안창규 외 | 부산대 교육학과

22 동북아 정세변화와 한・일관계
한승조 외 | 고려대 정치외교학과

23 언론과 부정부패
정대철 외 | 한양대 신문방송학과

24 한국의 고등학교 교육
이원호 외 | 부산대 교육학과

25 가족과 방송
김학수 외 | 서강대 신문방송학과

26 재정개혁의 전망과 재산세제의 개편 과제
오연천 | 서울대 행정대학원

27 청소년을 위한 전자게임 프로그램의 규제 및 평가체계 개발
박혜원 외 | 울산대 가정관리학과

28 정신장애자 가족의 사회심리적 특성
이근후 외 | 이화여대 의과대학

29 가족의 관계역동성과 문제인식
이광규 외 | 서울대 인류학과

30 현대인과 한국전통음식
승정자 | 숙명여대 식품영양학과

31 기업의 초고속정보통신망활용
안중호 | 서울대 경영학과

32 지역발전을 위한 교육자치제의 개선방안
김남순 | 조선대 사범대학

33 전환기의 공무원 가치관
조경호 | 울산대 행정학과

34 지방자치와 사회복지의 과제
김영모 | 중앙대 사회복지학과

35 WTO체제하의 지방중소기업 지원정책
최명주 외 | 계명대 통상학부

36 현대한국의 시민운동
이효선 | 중앙대 사회학과

37 기업 세계화의 단계 및 정도의 측정
허영도 외 | 울산대 경영학과

38 가족복지를 위한 가족주치의 시범사업의 효과
이혜리 외 | 연세대 가정의학교실

39 한국대학생의 삶의 만족도
김재은 외 | 이화여대 교육심리학과

40 지역경제와 지역산업구조의 개편방향
정기화 외 | 전남대 경제학부

41 중국기업의 소유형태별 경영특성
노철화 외 | 부산대 무역학과

42 남북한의 인성・사상교육
한승조 외 | 고려대 정치외교학과

43 연계적 뇌기능 조언을 위한 의료용 멀티미디어 시스템의 설계
유선국 | 연세대 의용공학교실

44 다민족국가의 민족문제와 한인사회
최협 외 | 전남대 인류학과

45 저소득층지역 청소년 여가문화와 소집단 활성화
박문수 외 | 서강대 사회학과

46 삶의 질의 국제비교와 지역간 비교분석
이재기 외 | 울산대 경제학과

47 21세기 지역주민의 삶의 질
양종회 외 | 성균관대 사회학과

48 삶의 질에 대한 국가간 비교
조명한 외 | 서울대 심리학과

49 외국인 노동자의 노사관계와 사회적 적응
석현호 외 | 성균관대 사회학과

50 한국의 사법제도와 발전 모델
정종섭 | 건국대 법학과

51 고령화사회와 중상층 노인의 사회활동
조성남 외 | 이화여대 사회학과

52 한국의 서비스 시장 개방정책
한홍렬 | 한양대 경제학부

53 한국과 AFTA간의 교역증진 및 경제 협력방안
손일태 외 | 경희대 경제통상학부

54 물류비 절감을 위한 무역업체의 정보화전략
이영수 외 | 경북대 경제통상학부

55 사회주의 체제전환과 사회정책
오정수 외 | 충남대 사회복지학과

56 남북통일 이후 농업생산체계 개편
홍성규 외 | 건국대 농업경제학과

57 국제화와 세계화
하영선 외 | 서울대 외교학과

58 IMF 개혁정책의 평가와 한국경제의 신(新) 패러다임
조동근 | 명지대 경제학과

59 구조개혁과 실업대책
박동운 | 단국대 경제무역학부

60 21세기 신노사관계
심윤종 외 | 성균관대 사회학과

61 학교에서의 집단 따돌림
이춘재 외 | 가톨릭대 심리학과

62 한국노인의 정신건강실태와 건강증진
조맹제 외 | 서울대 의과대학

63 혁명과 개혁 속의 중국 농민
김광억 | 서울대 인류학과

64 중국의 경제환경과 한국기업의 진출 전략
지용희 외 | 서강대 경영학과

65 김대중 대통령의 시스템 사고
김동환 | 중앙대 공공정책학부

66 실업과 가족해체
최일섭 외 | 서울대 사회복지학과

67 합리적 부채비율 조정방안
오상근 | 동아대 경제학과

68 한국 중산층의 생활문화
문숙재 외 | 이화여대 소비자 · 인간발달학과

69 계층간 갈등상태에서 최적소득세
김진욱 | 건국대 경상학부

70 글로벌 경쟁력 제고를 위한 기업전략과 조직구축
이만우 외 | 고려대 경영학과

71 의료보험과 국민연금의 관리효율화를 위한 통합방안
사공진 외 | 한양대 경제학부

72 정부개혁의 과제와 전략
박우서 외 | 연세대 행정학과

73 책임운영기관 제도에 관한 비교분석
김근세 | 가톨릭대 행정학과

74 새로운 패러다임하에서의 한국기업의 바람직한 지배구조
최운열 외 | 서강대 경영학과

75 현대 한국사회의 계층구조
양춘 외 | 고려대 사회학과

76 한국의 산업정책과 산업구조조정
강인수 | 숙명여대 경제학부

77 기업구조조정
김석진 | 경북대 경영학부

78 지식경영을 위한 인적자원 개발 및 관리체계
장영철 | 경희대 경영학부

79 뉴 비즈니스 모델
전성현 | 국민대 정보관리학부

80 중산층의 정체성과 소비문화
함인희 외 | 이화여대 사회학과

81 외국관광객 유치를 위한 마케팅 전략
박상규 | 강원대 경영학과

82 한국인의 세대별 문학의식
이동순 | 영남대 국문과

83 공공부문의 효율성 평가와 측정
김재홍 외 | 울산대 사회과학부

84 한국 청소년의 정치의식과 형성요인
김광웅 외 | 숙명여대 아동복지학과

85 한국 대학생의 정치의식
배한동 | 경북대 윤리교육과

86 산업의 정보화와 산업발전
이기동 | 계명대 통상학부

87 한국 제조업의 고용조정 분석
이종원 외 | 성균관대 경제학부

88 지식자산에 대한 경영전략적 평가모형 개발
배재학 외 | 울산대 컴퓨터 · 정보통신공학부

89 관광사업을 위한 한국적 이미지의 휴식복 개발
채금석 | 숙명여대 의류학과

90 한국 정치제도의 개혁
신정현 | 경희대 사회과학부

91 e비즈니스와 아웃소싱 전략
정승화 외 | 연세대 경영학과

92 집단 따돌림의 진단 및 치료방안
홍준표 | 중앙대 인간생활환경학과

93 16대 총선과 낙선운동
조기숙 | 이화여대 국제대학원

94 부동층 유권자 행태 분석
진영재 | 연세대 정치외교학과

95 사이버 공동체의 성공요인
이재관 | 숭실대 경영학부

96 온라인 소비자 행동의 이론과 실증
윤성준 | 경기대 경영학부

97 글로벌 시대 정약용 세계관의 가능성과 한계
차성환 | 한일장신대 역사사회학과

98 러시아의 체제전환 과정에서 나타난 국가의 역할과 그 전망
이상민 외 | 부산대 정치외교학과

99 남북한의 경제발전 수준과 산업구조 비교, 그리고 경제교류 협력방향
주성환 | 건국대 경제학과

100 집단따돌림과 교육해체
한준상 | 연세대 교육학과

101 공적연금제도의 효율성과 개선방안
유금록 | 군산대 행정복지학부

102 벤처기업-대기업의 성공적인 협력 모델
나중덕 | 경산대 경영학과

103 북한의 재외동포정책
조정남 외 | 고려대 정치외교학과

104 사이버 공동체 형성의 역동적 모형
장용호 | 서강대 신문방송학과

105 기업이론과 기업의 소유지배구조
김일태 외 | 전남대 경제학부

106 가축분뇨 자원화를 위한 공동이용조직에 대한 농가선호도 분석
유덕기 | 동국대 생명자원경제학과

107 개혁정책과 전문가 집단
이경원 외 | 제주대 행정학과

108 현대 한국사회의 이중가치체계
신수진 외 | 이화여대 가정관리학과

109 한국의 산업구조 변화와 기업집단 다각화 전략
김용학 외 | 연세대 사회학과

110 지식정보사회의 경제적 모형 설정 및 사례 연구
김범환 | 배제대 경영정보학부

111 변호사징계제도
오종근 | 한림대 법학부

112 인터넷 특허법
김순석 | 광주대 법학과

113 e-비즈니스 시대의 금융 및 재정정책의 새로운 패러다임
이종욱 | 서울여대 경제학과

114 청소년의 하위문화와 정체성
조성남 | 이화여대 사회학과

115 디지털금융시대의 금융구조변화와 정부규제 및 정책
이충열 | 고려대 경제학부

116 지식경영을 위한 기업의 조직설계방안
김경수 외 | 전남대 경영학과

117 전자금융의 발달과 경제정책의 새로운 패러다임
이명훈 | 명지대 경제학과

118 동아시아의 안보와 유엔체제
강성학 편저 | 고려대 정치외교학과

119 유료 치매노인 그룹홈의 개발과 관련 정책
최정신 외 | 가톨릭대 소비자·주거학과

120 소비자 지향적 문화산업 정책
홍영준 | 호남대 광고홍보학과

121 국제·국가·지방 환경규제의 연계
정준금 외 | 울산대 행정학과

122 현행 회사 합병·분할제도의 평가와 개선방안
옥무석 외 | 이화여대 법학과

123 배려지향적 도덕성과 정의지향적 도덕성
정옥분 외 | 고려대 사범대학

124 기업구조조정에 대한 채권금융기관 및 금융감독기관의 역할과 책임
이중기 | 한림대 법학과

125 실업대책으로서 한국의 법정기준근로 시간 단축
박영범 | 한성대 경제학과

126 프랑스어의 비분리성 소유개념 표현
노윤채 | 연세대 언어정보연구원

127 지방채의 효율적 관리방안
강태구 | 호원대 법행정학부

128 21세기 산업구조 변화와 과학기술정책
임채성 외 | 그리스도신학대 경영정보학부

129 인터넷 쇼핑몰 이용자의 불평행동
예종석 | 한양대 경영학부

130 한국기업의 성과급제도 현황, 효과 및 개선방안
김성수 | 서울대 경영학과

131 전자상거래와 소비자보호
서민교 외 | 경일대 인터넷국제통상학과

132 평생학습 사회에서의 인적자원개발을 위한 사회적 파트너십 구축
김영화 | 홍익대 교육학과

133 한국 공교육의 새로운 구상과 전략
권대봉 외 | 고려대 교육학과

134 한국의 정부개혁
김태룡 | 상지대 행정학과

135 지방정부 생산성 측정의 이론과 실제
이은국 외 | 연세대 행정학과

136 불가 시문학론
배규범 | 경희대 학술연구 교수

137 남북경제교류의 법적 문제
제성호 | 중앙대 법학과

138 경제위기와 청소년 발달
구인회 | 서울대 사회복지학과

139 생명과학기술의 응용과 기본권보호적 한계
정상기 외 | 한남대 법학과

140 경제발전과 정치환경의 한 · 일 비교분석
정갑영 외 | 연세대 동서문제연구원

141 한국 공교육의 진단
윤정일 외 | 서울대 교육학과

142 우리나라 지방자치 발전을 위한 자치 단체장의 역할
정성호 외 | 경기대 사회과학부

143 의료보험제도의 개혁방안
권순원 | 덕성여대 경제학과

144 중등 도덕교육의 현실과 문제
손동현 외 | 성균관대 철학과

145 사이버공동체 발전론
이명식 | 상명대 경영학과

146 남북경협 확대에 대비한 북한 담보 제도의 정비방안
박훤일 | 경희대 법과대학

147 한국 공무원 인사제도 개혁
김판석 | 연세대 행정학과

148 교사화법 교육
임칠성 외 | 전남대 국어교육과

149 세계화의 문화정치학
임혁백 외 | 고려대 정치외교학과

150 효과적인 e-SCM을 위한 의사결정 조정 시스템 모형
이원준 | 성균관대 경영학부

151 환경거버넌스
김종순 외 | 건국대 행정학과

152 자동차산업의 인적자원관리
이덕로 | 서원대 경영학부

153 한국과 영국 간 지식기반산업 비교
이명호 | 한국외대 경영학과

154 한국 벤처기업의 기술네트워킹 및 기술마케팅 전략
장영일 | 인제대 경영학부

155 회사변호사의 윤리
오승종 | 성균관대 법과대학

156 미디어교육론
이정춘 | 중앙대 신문방송학과

157 조선시대 서원과 양반
윤희면 | 전남대 역사교육과

158 환경문제와 철학
박찬국 | 서울대 철학과

159 노인보건복지 이론과 실제
김명 외 | 이화여대 보건교육학과

160 북한의 법체계
권재열 외 | 숭실대 법학과

161 생명공학기술의 안전성 확보에 관한 법적 고찰
이재협 | 경희대 법학부

162 청소년복지학
김성이 외 | 이화여대 사회복지학과

163 변화하는 세계, 변화하는 복지국가
조영훈 | 동의대 사회복지학과

164 의리의 윤리와 한국의 유교문화
김낙진 | 진주교대 도덕교육과

165 미국의 통상정책과 통상법
윤충원 | 전북대 무역학과

166 사회복지 프로그램 평가
김학주 | 경상대 사회복지학과

167 환경주의와 지속가능한 발전
정대연 | 제주대 사회학과

168 무역과 환경
김기흥 외 | 경기대 경제학부

169 산업계 유해폐기물의 위험과 관리
김금수 | 호서대 경상학부

170 백범 김구의 지적 계발과정 탐색
문용린 | 서울대 교육학과

171 태평양전쟁 발발 이후 일제의 인적 지배와 그리스도교계의 대응
윤선자 | 전남대 사학과

172 거버넌스 상황에서 갈등관리를 위한 대체적 분쟁해결제도
서순복 | 광주대 법정학부

173 시장경제의 유형과 민주주의
최배근 | 건국대 경상학부

174 일본고전소설 총론
김현정 | 국립한국전통문화학교

175 국어 교육을 위한 국어 문법론
이관규 | 홍익대 국어교육과

176 율곡의 군주론
전세영 | 부산교대 윤리교육과

177 동북아시아 환경협력
정서용 | 명지대 법학과

178 기후변화협약과 기후정책
신의순 외 | 연세대 경제학과

179 인터넷과 국제 학술정보 네트워크-하이퍼링크 분석
박한우 | 영남대 언론정보학과

180 국내 기업복지의 활성화 방안
최수찬 | 연세대 사회복지대학원

181 세계화와 인간안보
김우상 외 | 연세대 정치외교학과

182 세계문화유산 종묘 이야기
지두환 | 국민대 국사학과

183 한국 평생교육의 사회철학적 과제
곽삼근 | 이화여대 교육학과

184 강점모델
정순둘 | 이화여대 사회복지학과

185 글로벌시대의 계약법
박영복 | 한국외대 법과대학

186 배심제와 시민의 사법참여
안경환 | 서울대 법학과

187 동북아공동체
김재한 | 한림대 정치외교학과

188 정치 참여와 탈물질주의
김욱 | 배재대 정치외교학과

189 퍼지전문가회로망을 이용한 금융기관의 사이버 기업여신결정 지원시스템의 개발
권혁대 | 목원대 경영학과

190 환경정책과 환경법
송인성 | 전남대 지역개발학과

191 포스트모던 시대의 평생교육학
한숭희 | 서울대 교육학과

192 현대 한국인의 세대경험과 문화
박길성 외 | 고려대 사회학과

193 서구의 근로연계복지
김종일 | 건국대 사회복지학과

194 사회복지운동론
현외성 | 경남대 사회복지학과

195 외국의 역모기지 사례
유선종 | 건국대 부동산학과

196 옛이야기와 어린이문학
이지호 | 진주교대 국어교육학과

197 노인사회복지관광의 정책과제와 방안
김창수 | 경기대 관광학부

198 복지서비스의 민간위탁 시스템 분석
김순양 | 영남대 행정학부

199 새로운 빈곤층의 대두와 정부의 정책과제
김진욱 | 건국대 경제학과

200 문화행정론
김정수 | 한양대 행정학과

201 스칸디나비아 노인용 코하우징의 계획과 적용
최정신 외 | 가톨릭대 생활과학부

202 북한의 자연생태계
공우석 | 경희대 지리학과

203 통계로 이해하는 러시아
전홍찬 | 부산대 정치외교학과

204 사회복지법인의 경영과 회계
이동규 | 충남대 회계학과

205 의약분업 정책과정
차흥봉 | 한림대 사회복지학과

206 지역공동체와 평생교육
오혁진 | 동의대 평생교육학부

207 아동보호서비스의 실제
한미현 | 백석대 사회복지학부

208 그린마케팅
박재기 | 충남대 경영학부

209 아동권리와 아동복지
이혜원 | 성공회대 사회복지학과

210 국제 이주와 인도인 디아스포라
김경학 | 전남대 인류학과

211 질병과 의료의 사회학
조병희 | 서울대 보건대학원

212 북한이탈주민의 사회통합을 위한 지역복지실천의 모색
이기영 | 부산대 사회복지학과

213 치매노인케어론
조유향 | 초당대 간호학과

214 노인상담입문
서혜경 외 | 한림대 대학원 사회복지학과

215 '통일 이후 통일과정'으로서의 독일 통일영화
이준서 | 이화여대 독어독문학과

216 중국의 사회보장
오정수 | 충남대 사회복지학과

217 환경자원의 경제적 가치와 환경오염의 사회적 비용
김재홍 | 울산대 사회과학부

218 사회복지프로그램의 경제적 평가방법
박창제 외 | 상주대 사회복지학과

219 자유의지와 결정론
안건훈 | 강원대 철학과

220 심리학자들이 쓴 행복한 결혼의 심리학
채규만 외 | 성신여대 심리학과

221 현대 해석학 강의
양해림 | 충남대 철학과

222 한국인의 주거 빈곤과 공공주택
하성규 | 중앙대 도시 및 지역계획학과

223 IMF 경제위기와 한국 출산력의 변화
김두섭 | 한양대 사회학과

224 동아시아의 영토분쟁과 국제법
이석우 | 인하대 법학부

225 독일 복지국가와 사회복지서비스
정재훈 | 서울여대 사회사업학과

226 사회복지사를 위한 실용 비모수통계
엄명용 | 성균관대 사회복지학과

227 피해자학 연구
이윤호 | 동국대 경찰행정학과

228 광고언어창작론
박영준 외 | 부경대 국어국문학과

229 환경규제 패러다임의 전환
한철 | 한남대 법학과

230 고령사회의 노동환경변화와 고용시스템의 문제점 및 법적 대응
고준기 | 국립군산대 법학과

231 세계화와 소득불평등
이성균 외 | 울산대 사회과학부

232 유비쿼터스 사회의 이해
안중호 외 | 서울대 경영학과

233 국제환경책임법론
박병도 | 건국대 법학과

234 한국의 선거와 민주주의
윤종빈 | 명지대 정치외교학과

235 한국 시민운동의 구조와 동학
조대엽 외 | 고려대 사회학과

236 또래관계
송영혜 | 대구대 재활심리학과

237 해외 한국기업과 현지인 노동자
석현호 외 | 에스콰이아학술문화재단

238 독일 국가복지에서 민간복지단체의 역할과 의미
차성환 외 | 한일장신대 사회복지학부

239 청정공학
조정호 | 동양대 생명화학공학과

240 한국전통연희론
심상교 | 부산교육대 국어교육학과

241 정신장애와 가족
서미경 | 경상대 사회복지학부

242 빈곤통계의 작성과 활용
김주환 | 동국대 정보통계학과

243 인터넷과 한국정치
강원택 | 숭실대 정치외교학과

244 북한의 시장경제이행
정영화 외 | 서경대 법학과

245 시스템사고로 본 지속가능한 도시
문태훈 | 중앙대 도시및지역계획학과

246 실버산업과 유비쿼터스 컴퓨팅
고일상 | 전남대 경영학부

247 재활상담과 사례관리
나운환 | 대구대 직업재활학과

248 영유아교육기관에서의 장애 이해 교육
유수옥 | 우석대 유아특수교육과

249 장애의 사회적 의미와 사회통합
박수경 | 대진대 사회복지학과

250 경제분석의 수리적 기초
조인성 | 공주대 경제통상학부

251 비영리부문의 비교연구
김승현 | 서울산업대 행정학과

252 고등교육경제학
반상진 | 전북대 교육학과

253 과학윤리교육의 이론과 방법
조희형 | 강원대 과학교육학부

254 결혼이민자가족의 이해
김오남 | 대불대 사회복지학과

255 동아시아 국가의 공공부조
신동면 | 경희대 사회과학부

256 특수아동 진단 및 평가
이나미 | 대불대 특수교육과

257 계약형 사회복지와 권리옹호시스템
이명현 | 경북대 상주캠퍼스 사회복지학과

258 실내공기질 및 위해성 관리
양원호 | 대구가톨릭대 산업보건학과

259 충남 방언 문법
한영목 | 충남대 국어국문학과

260 교육권론
노기호 | 군산대 법학과

261 도시경관계획론
임승빈 | 서울대 조경 · 지역시스템공학부

262 교통의 새로운 패러다임
김형철 | 경원대 도시계획 · 조경학부

263 노인의 삶의 질 향상을 위한 주거환경디자인
천진희 | 상명대 디자인대학 실내디자인전공

264 사회복지와 문화
박병현 | 부산대 사회복지학과

265 장애인복지의 이론과 실제
이선우 | 인제대 사회복지학과

266 창의성 개발을 위한 디자인교육 콘텐츠
김선영 | 인천가톨릭대 조형예술대학 환경디자인학과

267 구성주의 사회복지 실천 기술론
고미영 | 서울신학대 사회복지학과

268 장애아교육학
김기흥 | 부산교육대 유아교육과

269 지역사회복지와 자원부문
한상진 외 | 울산대 사회학과

270 환경관리회계
육근효 | 부산외국어대 회계학부

271 인권 관점에서 보는 장애인복지
유동철 | 동의대 사회복지학과

272 정신증상
송지영 | 경희대 의과대학병원 신경정신과

273 사이버공간의 사회심리학
이성식 외 | 숭실대 정보사회학과

274 노인에 대한 사회적 돌봄과 돌봄 서비스의 질 보장
최희경 | 신라대 가족노인복지학과

275 아동 심리치료의 실제
신현균 | 전남대 심리학과

276 사회복지와 위험관리
노충래 | 이화여대 사회복지전문대학원

277 국제 탄소시장의 이해
양승룡 | 고려대 식품자원경제학과

278 타자의 초상
신문수 | 서울대 영어교육과

279 한국정치와 환경정치
나정원 | 강원대 정치외교학과

280 북한이주민
윤인진 | 고려대 사회학과

281 음주의 사회경제적 비용
정우진 외 | 연세대 보건대학원

282 지방정치와 동북아 도시거버넌스
박재욱 | 신라대 행정학과

283 노숙인 복지론
남기철 | 동덕여대 사회복지학과

284 유럽통합과정과 지역협력
이규영 | 서강대 국제대학원

285 사회복지재정 연구
지은구 | 계명대 사회과학대학 사회복지학과

286 지역사회 교육개혁을 위한 시민사회 조직의 참여
김영화 | 홍익대 교육학과

287 복지사회를 대비한 국민연금의 구조개혁
박영석 외 | 서강대 경영학부

288 한미 FTA 지재권 협상에 따른 의약품 분야 사회후생 변화
오근엽 | 충남대 무역학과

289 산업입지, 환경 그리고 지역경제
이기동 외 | 계명대 국제통상학과

290 감성지능 개발을 통한 삶의 질 향상
김경수 외 | 전남대 경영학부

291 교육복지론
이용교 외 | 광주대 사회복지학부

292 인간과 행복에 대한 철학적 성찰
박찬국 | 서울대 철학과

293 유럽연합의 사회통합 사례와 교훈
이무성 | 명지대 정치외교학과

294 민영화와 사회후생
이상호 | 전남대 경제학부

295 북한의 교육학 체계 연구
최영표 외 | 동신대 교육대학원

296 한국 지속가능발전의 구조와 변동
정대연 | 제주대 사회학과

297 우리나라의 공익 연계 마케팅에 관한 연구
임승희 | 전주대 경영학부

298 시각장애인복지론
김영일 | 조선대 특수교육과

299 그린에너지와 환경촉매
정석진 | 경희대 화학공학과

300 취약학교 초등학생을 위한 온라인 보건 교육 프로그램
박경옥 | 이화여대 보건관리학과

301 신탁제도를 통한 고령자의 보호와 지원
최수정 | 서강대 법학전문대학원

302 사회적 약자계층에 대한 실태분석 및 정책방안
이은우 외 | 울산대 경제학과

303 한류 문화와 동북아 공동체
최혜실 | 경희대 국어국문학과

304 노동유연화와 해고보호법
권혁 | 부산대 법학전문대학원

305 사회복지 위험관리의 이해
박미은 | 한남대 사회복지학과

306 의료기관의 회계와 세무
노준화 | 충남대 경영학부

307 여성인적자원의 전문성 확보를 위한 경력개발
백지연 | 이화여대 국제사무학과

308 정신병리
강선경 | 서강대 신학대학원

309 바다의 반란 적조
윤양호 | 전남대 해양기술학부

310 한국 장애인 복지 발달사
이성규 | 서울시립대 사회복지학과

311 서양예술 속의 동양 탐색
진상범 | 전북대 독어독문학과

312 한국인의 도덕성 발달 진단
문용린 | 서울대 교육학과

313 영국정치와 국가복지
고세훈 | 고려대 공공행정학부

314 인간학적 사유를 여는 중도·중복장애 교육학
이숙정 | 단국대 특수교육과

315 개별화 교육과정
이소현 | 이화여대 특수교육과

316 인간의 긍정적 성품
권석만 | 서울대 심리학과

317 지방자치와 지역여성의 전망
이혜숙 | 경상대 사회학과

318 한국 현대 노년소설 연구
전흥남 | 한려대 교양학부

319 정보격차 해소를 위한 창의적 정보교육 프로그램
이영준 외 | 한국교원대 컴퓨터교육과

320 한국 가족과 젠더
손승영 | 동덕여대 교양학부

321 한국의 복지혼합
김진욱 | 서강대 신학대학원

322 사회자본과 자원봉사
김태룡 외 | 상지대 행정학과

323 농촌교육복지연구
박삼철 | 단국대 교양학부

324 사회정체성 평가 차원에 대한 국제 비교조사
이명진 | 고려대 사회학과

325 캐나다 복지국가 연구
조영훈 | 동의대 사회복지학과

326 한국의 소수자운동과 인권정책
전영평 외 | 서울대 행정대학원

327 한국과 미국의 보육서비스 전달체계와 품질 비교분석
김근세 외 | 성균관대 국정관리대학원

328 한국사회의 소득불평등과 국민 의료이용
이용재 | 호서대 사회복지학과

329 정보시대의 인간안보
조화순 | 연세대 정치외교학과

330 가족의 사회경제적 특성과 아동발달
김광혁 | 전주대 사회복지학과

331 초 · 중 · 고등학생의 학업소진 진행과정 및 경로분석
이상민 | 고려대 교육학과

332 다문화사회의 사법통역
이지은 | 이화여대 통역번역대학원

333 동아시아 지역주의
유현석 | 경희대 정치외교학과

334 환경친화적 공공시설관리와 지역공동체의 삶의 질
이소영 | 중앙대 실내디자인 · 주거환경학과

335 의료보험의 법정책
김나경 | 성신여대 법과대학

336 양극화 시대 가족해체와 청소년의 적응에 관한 한국과 미국의 비교 연구
오승환 외 | 울산대 사회복지학과

337 기업의 사회적 책임과 지역경제사회발전 연구
허영도 외 | 울산대 경영학부

338 노인의 삶의 질 향상을 위한 온라인 소셜 네트워크 구축 방안
김진우 | 연세대 경영학과

339 청소년 생활역량
윤명희 외 | 동의대 평생교육학과

340 외국인 배우자의 다양성과 국제결혼의 안정성
김두섭 | 한양대 사회학과

341 정보인권의 규범구체화
이민영 | 가톨릭대 법학과

342 한국 사회복지실천의 고유성
최성재 외 | 서울대 사회복지학과

343 스웨덴의 환경책임 실천모형
최희경 | 경북대 행정학부

344 자율운동과 주거공동체
윤수종 | 전남대 사회학과

345 한국인의 공공봉사동기
김상묵 | 서울과학기술대 행정학과

346 한국 이혼가정 아동의 성장
김혜숙 | 경인교육대 교육학과

347 동양 사상과 노인 복지
홍승표 외 | 계명대 사회학과

348 노동과 사회보장의 연계
오문완 | 울산대 법학과

349 학습장애 위험군 아동의 조기선별을 위한 읽기검사 표준화 연구
김애화 외 | 단국대 특수교육학과

350 신 · 재생에너지에 기초한 녹색성장과 사회통합
김인호 | 이화여대 법학전문대학원

351 문화교류역량과 다문화 경영이 기업 경영성과에 미치는 영향
임병학 외 | 부산외대 경영학부

352 빈곤영유아의 발달과 적응
정익중 외 | 이화여대 사회복지학과

353 민사법질서와 인권
양천수 | 영남대 법학전문대학원

354 성년후견제도와 사회복지제도의 연계
신권철 | 서울시립대 법학전문대학원

355 한국 다문화사회의 이방인
김순양 | 영남대 행정학과

356 현대 시민사회와 소비자계약법
이병준 | 한국외대 법학전문대학원

357 개인의 사회적 정보보호를 위한 공공 정보서비스 개선 연구
장항배 | 상명대 경영학과

358 여성교육투자에 대한 교육경제학적 탐색
백일우 외 | 연세대 교육학부

359 사회적 기업과 지속가능한 지역발전
임업 외 | 연세대 도시공학과

360 다문화가정 구성원에 대한 투트랙 한국어 교육방안 연구
박시균 | 군산대 국어국문학과

361 아시아의 빈곤과 한국기업의 역할
한인수 | 충남대 경영학부

362 유치원·초등학교 연계 환경교육
박희숙 | 공주대 유아교육학과

363 비정규 고용과 사회정책
구인회 외 | 서울대 사회복지학과

364 사생활의 자유에 관한 비교법적 연구
이창현 | 서강대 법학전문대학원

365 다중융합 환경 기반의 미디어스킨을 활용한 문화콘텐츠 디자인 적용방안에 관한 연구
오문석 외 | 광운대 미디어영상학부

366 북한이탈주민 여성의 성인식 관련 기초조사
한인영 외 | 이화여대 사회복지학과

367 노인주택 파노라마
유선종 | 건국대 부동산학과

368 시설보호 청년의 적응
정선욱 | 덕성여대 사회복지학과

369 다수 집단과 소수 집단의 심리
김혜숙 | 아주대 심리학과

370 바이오 휴머니티
권택영 | 경희대 영어학부

371 프랑스 다문화교육의 이해
이경수 | 상명대 불어교육과

372 한·중 서비스산업의 비교분석과 교역 확대 방안
김상호 | 리츠메이칸 아시아태평양대 국제경영학부

373 현대의학에 있어서 생명의 시간과 인간의 존엄
김학태 | 한국외대 법학전문대학원

374 0~3세 영유아의 영상물 과몰입 실태조사 및 정신건강증진 프로그램 개발과 적용
이경숙 | 한신대 재활학과

375 복지국가의 조세와 정치
양재진 외 | 연세대 행정학과

376 청소년기 자살행위 실태와 관련 요인
박선희 | 경희대 간호과학대학

377 기술혁신에 따른 지역 간 정보격차
최정혜 외 | 연세대 경영대학

378 한국 사회의 이중구조와 생애주기적 불평등
안상훈 편 | 서울대 사회복지학과

379 소비자의 친환경행동에 영향을 미치는 사회적·경제적 가치에 대한 고찰
송재기 | 텍사스테크대 경영학과

380 어머니 양육행동 관련 변인들과 유아 사회정서행동 간의 구조모형 분석
심숙영 | 숙명여대 원격대학원

381 조선족 여성, 동남아시아 여성 그리고 새터민의 적응 유형 분석 및 삶의 질 향상 방안 모색
정태연 | 중앙대 심리학과

382 세계의 연금, 한국의 연금
허만형 | 중앙대 공공인재학부

383 노인요양원과 문화 변화
최재성 | 연세대 사회복지학과

384 시민사회와 국제개발협력
손혁상 | 경희대 공공대학원

385 복지국가의 변화와 빈곤정책
김윤태 | 고려대 사회학과

386 다문화가정의 미디어 이용과 사회적 자본의 관계
진창현 | 경기대 경영학과

387 사회진출 대졸 초년생의 탄력성 변화 양상
이상민 | 고려대 교육학과

388 사회자본과 경제발전 그리고 정부의 질
도수관 | 대구가톨릭대 행정학과

389 망명과 귀환이주
서장원 | 고려대 독일문화학과

390 근거기반실천과 사회복지
김유진 | 경북대 사회복지학부

391 인터넷상 정보 유통에 대한 새로운 저작권 규율 방향 모색
박준석 | 서울대 법학전문대학원

392 한국 사회의 인종차별적 담화구조
이창수 | 한국외대 통역번역대학원

393 사회복지사의 사회복지 가치 지향
김용석 | 가톨릭대 사회복지학과

394 개인정보의 국제적 유통에 따른 법적 문제와 대책
박훤일 | 경희대 법학전문대학원

395 정신장애인의 인권
서미경 | 경상대 사회복지학과

396 취약계층 비만청소년들의 체중관리를 위한 건강증진 프로그램의 효과
김영호 | 서울과학기술대학교 스포츠과학과

397 한국 전통의 돈의 문학사, 나눔의 문화사
서신혜 | 한양대 창의·융합교육원

398 와이파이 공간과 모바일 정보 격차
이건학 | 서울대 사회과학대학

399 도시정비사업의 법적 쟁점과 해설
성중탁 | 경북대 법학전문대학원

400 사회서비스 제공기관의 조직요인과 성과
신창환 | 경북대 사회복지학부

401 도시 사운드스케이프 디자인
전진용 외 | 한양대 건축공학부

402 지방의회 의원윤리연구
김택 | 중원대 경찰행정학과

403 발달장애인 자립생활 증진을 위한 역량탐색 및 주거로서의 해결과제
김라경 | 광주교육대 교육학과

아 | 산 | 재 | 단 | 연 | 구 | 보 | 고 | 서

1. 한국인의 도덕성 연구
   배해수 | 고려대 국문학과
2. 산업화와 청소년 진로
   이원호 | 울산대 교육학과
3. 공동체의식과 시민운동
   김영섭 | 한양대 행정학과
4. 한국청년의 삶의 의미 충족도와 만족적 태도
   안정수 | 경희대 철학과
5. 중국조선족의 사회발전과 한·중관계의 위상
   손장권 | 고려대 사회학과
6. 해송림 "솔껍질깍지벌레"의 천적 및 주요 종의 생태
   김규진 | 전남대 농생물학과
7. 사회정의와 실천윤리
   박종대 | 서강대 철학과
8. 동구개혁의 영향
   김달중 | 연세대 정치외교학과
9. 한국청소년의 의식세계
   김문조 | 고려대 사회학과
10. 고강도 철근 콘크리트 구조의 실용화
    정헌수 | 중앙대 건축학과
11. 신기술의 연관형태 및 출현예측의 구조모형
    권철신 | 성균관대 산업공학과
12. 민간기업의 연구개발을 위한 조세정책
    권영훈 | 한양대 경제학부
13. 기술개발 활성화방안
    송승구 | 울산대 화학공학부
14. 부패의 현상과 진단
    이문조 | 영남대 정치외교학부
15. 연구투자의 지역적 편중화와 부산지역의 기초과학연구 활성화방안
    윤웅찬 | 부산대 화학과
16. GATT의 신구 덤핑방지협정과 그 대응방안
    전창원 | 동국대 무역학과
17. 한국사회의 도덕성 제고를 위한 진단과 처방
    황경식 | 서울대 철학과
18. 새로운 노사관계 방향
    이진규 외 | 고려대 경영학과
19. 21세기 동북아 정세예측과 한국의 전략적 대응방안
    최평길 외 | 연세대 행정학과
20. 소련의 한국에 대한 정책목표분석
    신승권 | 한양대 정치외교학과
21. 메모리 커패시터용 $Pb(Zr_xTi_{1-x})O_3$ 강유전체 박막의 제작과 특성
    장지근 외 | 단국대 전자공학과
22. 러시아 국제법학의 전통
    김용구 | 서울대 외교학과
23. 유럽연합의 현황과 전망
    김동현 외 | 성균관대 행정학과
24. 중국의 정치동원
    송영우 외 | 건국대 정치외교학과
25. 산업적 활용을 위한 이동로보트 시스템의 개발
    박민용 외 | 연세대 전자공학과
26. 중국조선족의 정치사회화과정과 동화적 국민통합의 방향
    전인영 외 | 이화여대 사회생활학과
27. 공적부조의 이론과 실제
    최일섭 외 | 서울대 사회복지학과
28. 대외통상환경의 변화와 법제개편
    서헌제 | 중앙대 법학과
29. 기업금융의 국제화
    최생림 | 한양대 경영학부
30. 자동차부품공업의 노사관계
    김호진 외 | 고려대 행정학과
31. 산업화 과정에서의 한국가족의 실태와 전망
    정창수 외 | 성균관대 사회학과
32. 공무원 가치관 실태와 정립방안
    배병룡 외 | 경상대 행정학과
33. 해외귀국청소년의 국내적응연구
    이장영 | 국민대 사회학과
34. 초고속정보통신망에서 LAN서비스 제공방안
    이재용 | 연세대 전자공학과
35. WTO체제의 정책적 대응
    김병진 외 | 경희대 행정학과
36. 유럽의 통합정치
    최수경 외 | 충남대 정치외교학과

37 유기질폐기물을 이용한 고단백사료원 인 조류의 생산공정
최정우 외 | 서강대 화학공학과

38 초고속정보통신망의 수용성과 정책방향
박영상 외 | 한양대 신문방송학과

39 중국의 강남사회와 한중교섭
조영록 외 | 동국대 사학과

40 세계화시대의 사회 · 문화의식
신행철 외 | 제주대 사회학과

41 국내 외국인 노동자의 문제와 대책
성규탁 외 | 연세대 사회복지학과

42 노인인력 활용정책과 프로그램
김정후 외 | 강원대 법과대학

43 한일간 학술교류 현황과 활성화방안
정홍익 외 | 서울대 행정대학원

44 계량모형에 의한 한일 경제관계의 이해
김명직 외 | 한양대 경제학부

45 직장인의 음주행태와 삶의 질
진기남 외 | 연세대 보건행정학과

46 유통정보 시스템의 구조와 설계
정용길 | 충남대 경영학과

47 남북통일 이후 사회통합을 위한 교육의 역할
안기성 외 | 고려대 교육학과

48 대중음악에 심취한 청소년들의 심리적 특성
김인경 외 | 연세대 인간행동연구소

49 멀티미디어 시스템을 활용한 교육환경의 개선방안
김한일 | 제주대 컴퓨터교육학과

50 탈냉전기 한일관계의 쟁점
최상룡 | 고려대 정치외교학과

51 자치시대 새로운 '삶의 질' 지표의 모색
김형기 외 | 경북대 경제통상학부

52 유럽통합의 역내외 협력과 갈등
이호재 외 | 고려대 정치외교학과

53 21세기를 대비한 신노사관계
김재원 | 한양대 경제학부

54 대학의 시간제학생 등록제
안규철 외 | 전남대 교육학과

55 21세기에 대비한 방송통신정책
한진만 외 | 강원대 신문방송학과

56 주민참여를 통한 혐오시설 관리운영방안
박균성 외 | 경희대 법학부

57 여성의 정치적 권리인식과 정치참여
전경옥 외 | 숙명여대 정치외교학과

58 한국인 위장질환과 식생활 · 환경요인 및 *H. pylori* 감염과의 관계
이양자 외 | 연세대 식품영양학과

59 학생과 시민의 자원봉사활동
윤정일 외 | 서울대 교육학과

60 동북아 환경문제와 지역환경협력의 모색
신연재 외 | 울산대 정치외교학과

61 노인 자원봉사활동을 통한 사회통합 프로그램 개발
김동배 | 연세대 사회복지학과

62 물류정보 시스템
김태현 | 연세대 경영학과

63 전자식 문서교환을 이용한 항공화물 운송체계
민재형 | 서강대 경영학과

64 청소년과 성
이근후 | 이화여대 의과대학

65 민족통합과 무궁화호 위성의 남북한 공동활용방안
방정배 | 성균관대 신문방송학과

66 채식주의가 20대 여성의 영양상태와 에스트로겐 대사에 미치는 영향
성미경 | 숙명여대 식품영양학과

67 가상정보공간을 통한 지역개발 활성화 전략
유재천 외 | 한림대 언론정보학부

68 조산아 관리현황 및 정책수립 방안
박상기 외 | 조선대 의과대학

69 남북한관의 의식조사와 통일교육 개선 방안
김동규 외 | 고려대 북한학과

70 동양 전통 자연사상 탐구
장동순 | 충남대 환경공학과

71 초고속정보망의 시뮬레이터 구현
한기준 | 경북대 컴퓨터공학과

72 유통원가 시스템의 유효성
정다미 | 명지대 경영학과

73 국악과 문화관광의 만남
정익준 외 | 동아대 국제관광통상학부

74 기업의 지식경영 활용사례
김창은 | 명지대 산업공학과

75 선진국과 한국의 직업교육 · 훈련제도의 특성과 한계
정주연 | 고려대 경제학과

76 제주지역 성인 여성의 자원봉사활동
이상철 외 | 제주대 사회학과

77 M&A와 문화충돌 관리
박원우 | 서울대 경영학과

78 폐금속광산 인근 주민들의 중금속 오염실태
정종학 외 | 영남대 의학과

79 북한 농촌 · 농업실태와 인력자원개발 시스템을 통한 북한 농민의 구호방안
박성열 | 건국대 교육공학과

80 중소 소매점의 경쟁력과 소매성과
채명수 외 | 한국외대 무역학과